长安商用车星级维修技师培训认证教程(四星、五星)

主　编　李穗平　姚晶晶
副主编　周湘阳　沈　红

重庆大学出版社

内容提要

本书是与长安商用车星级维修技师培训体系相匹配的认证考核教程，目的是提高长安商用车售后维修人员的服务能力、管理能力、综合维修技能以及新技术应用能力，使其顺利通过培训体系的考核认证评级。本书主要围绕ECM电控单元识别及检测、空气供给系统故障诊断、燃油控制系统故障诊断、点火系统故障诊断、辅助电控系统故障诊断、电控机械式自动变速器故障诊断、车身电控系统故障诊断与维修、辅助安全系统故障诊断、长安商用车星级维修技师礼仪培训、客户关系管理培训、汽车维修行业相关法律、汽车保险与理赔、长安商用新能源汽车技术培训、汽车新技术与新配置、典型故障的分析及交流、如何做好培训师16个模块来学习和认证。通过本认证教程的学习和考核，使长安商用车经销商的维修技术人员掌握服务技能、行业法规、汽车发展新技术以及典型故障分析方面的知识，同时能对企业内部人员实施培训。

本书可供长安商用车经销商网络的维修技师，以及4S服务站、3S服务站以及各类二级经销商和加盟店的技术总监、售后服务人员使用，也可作为职业技术院校的教材，还可作为中高级技术人员、汽车维修技师和汽车维修工认证的参考用书。

图书在版编目(CIP)数据

长安商用车星级维修技师培训认证教程. 四星、五星/李穗平，姚晶晶主编. --重庆：重庆大学出版社，2018.7

校企合作培训认证著作系列丛书

ISBN 978-7-5689-1209-9

Ⅰ. ①长… Ⅱ. ①李… ②姚… Ⅲ. ①汽车—车辆修理—高等职业教育—教材 Ⅳ. ①U472.4

中国版本图书馆CIP数据核字(2018)第148257号

长安商用车星级维修技师培训认证教程(四星、五星)

主　编　李穗平　姚晶晶

副主编　周湘阳　沈　红

策划编辑：周　立

责任编辑：姜　凤　　版式设计：周　立

责任校对：邹　忌　　责任印制：张　策

*

重庆大学出版社出版发行

出版人：易树平

社址：重庆市沙坪坝区大学城西路21号

邮编：401331

电话：(023)88617190　88617185(中小学)

传真：(023)88617186　88617166

网址：http://www.cqup.com.cn

邮箱：fxk@cqup.com.cn(营销中心)

全国新华书店经销

重庆长虹印务有限公司印刷

*

开本：787mm×1092mm　1/16　印张：8.25　字数：201千

2018年7月第1版　2018年7月第1次印刷

印数：1—2 000

ISBN 978-7-5689-1209-9　定价：25.00元

校企合作培训认证著作系列丛书
编写委员会

序

企业的竞争力与企业的资源、社会环境、经营管理模式及制度等方面密切相关,而这些方面归根结底是依靠企业不同层次的工作人员来创造、实施、维护和发展。其中,在与汽车企业合作的汽车维修企业中,负责车间管理工作的技术总监直接体现汽车企业的质量技术形象,也是汽车生产企业品牌建设和长远发展的关键之一。终端维修通过日积月累的实际操作培养了大批优秀的维修技师,但是技师的知识体系、技能水平却参差不齐。随着汽车业新工艺、新技术的应用,维修技师的知识和技能水平需持续提高才能适应新的要求。

为了打造一支具备可持续发展的长安商用车星级维修技师队伍,聚焦终端维修技师能力的提升,提高服务满意度和一次修复率,增强维修技师荣誉感,为用户提供标准、专业的技术服务,我们引入了“校企合作”方案并建立了长安商用车星级维修技师培训、认证长效管理机制。通过以长安商用事业部为主导、重庆电子工程职业学院为主体,长安商用车经销商为对象的“三位一体”维修技术持续提升培训认证体系,提高维修人员的综合素质和专业技能水平,培养高素质的维修技师,建设一支专业的维修职业化队伍,从而提升长安商用车市场核心竞争力。

我们根据从业者的能力,将技师划分为三星、四星和五星,逐级提高长安商用车星级维修技师能力。按照不同星级的认证培训要求,编写了校企合作培训认证著作系列丛书。本系列丛书的开发和编写,以长安商用车主力产品的维修技术资料为基础,结合一线维修技师提供的经典案例,全面收集、归纳并总结了典型故障诊断思路及流程,对维修技师基本技能的规范、诊断能力和企业形象的提升都具有较强的指导意义。

本系列培训丛书适合长安商用车的维修技师学习深造使用,也适合汽车维修从业人员学习使用,希望对汽车售后服务人员也能有所帮助。

重庆电子工程职业学院

长安汽车股份有限公司

2018年2月

前 言

为了打造一支具备可持续发展的长安商用星级维修技师队伍，聚焦终端维修技术能力提升，提高服务满意度和一次修复率，增强维修技师荣誉感，我们建立了长安商用维修技师培训、认证长效管理机制。主要通过长安商用车星级维修技师培训认证体系，培养具有维修能力和职业资格的技师，提高维修人员的综合素质和专业技能水平，以此建设一支执行力强的维修职业化团队，打造企业核心竞争力。

"长安商用车星级维修技师培训认证教程"是长安商用车星级维修技师培训的重要组成部分，本教程的编写是基于长安商用车售后服务网络发展情况调查和分析，以长安商用车售后技术总监岗位需求以及能力提升为基础而编写。

书中给出了认证考核内容的所有题库，建议读者在做考核样题之前，完整地学习与之配套的长安商用星级维修技师培训的理论教程。

本书 CAJS401、CAJS403、CAJS404、CAJS405 由重庆电子工程职业学院李穗平、长安汽车股份有限公司周湘阳合编；CAJS402、CAJS406、CAJS407 由重庆电子工程职业学院姚晶晶、蔺朝莉合编；CAJS501 由重庆电子工程职业学院刘乔乔、长安汽车股份有限公司周湘阳合编；CAJS502 由重庆电子工程职业学院吴卫、甘守武合编；CAJS503 由重庆电子工程职业学院田艾编写；CAJS504 由重庆电子工程职业学院李蕊编写；CAJS505 由重庆电子工程职业学院王勇缩写；CAJS506 由重庆电子工程职业学院李穗平、长安汽车股份有限公司沈红合编；CAJS507 由重庆电子工程职业学院姚晶晶、陈志军合编；CAJS508 由重庆电子工程职业学院周均编写。本书的顺利出版还得到了本"校企合作培训认证著作系列丛书"编写委员会全体成员的大力支持，汇聚了全体成员的专业知识和宝贵意见，在此深表感谢。

由于编者水平有限，书中难免存在疏漏和不妥之处，恳请读者批评指正。

编 者

2018 年 2 月

目　录

1　四星技师认证考试题库

1.1　四星技师理论考试测试题库

1.1.1　CAJS401 ECM 电控单元识别及检测

一、判断题

1. 电控系统主要由传感器、执行器、控制单元3部分组成。（　　）

2. 欧力威车型搭载EA12发动机的联电7、8、1控制器有60个针脚。（　　）

3. 汽车的OBD-Ⅱ接口是一个网络系统的外接设备接头和每个控制单元的网络线相接。（　　）

4. 在闭环控制系统中，需要对输出量进行测量，并将输出量反馈到系统输入端与输入量进行比较。（　　）

5. 更换电喷ECM后，需利用解码仪对ECM重新匹配。（　　）

6. 发动机启动时，EFI系统的基本燃油喷射量决定于冷却液温度。（　　）

7. 控制单元可以直接接受由传感器输送的模拟信号。（　　）

8. 发动机集中控制的电子控制单元(ECU)仅用来控制燃油喷射系统。（　　）

9. 现代汽车电子技术发展趋势是由集中控制系统到单独控制系统。（　　）

10. ECU收不到点火控制器返回的点火确认信号时，失效保护系统会停止燃油喷射。（　　）

11. 在发动机集中控制系统中，同一传感器信号可应用于不同子控制系统中。（　　）

12. 曲轴位置传感器只作为喷油正时控制的主控制信号。（　　）

13. 电子控制系统中的信号输入装置是各种传感器。（　　）

14. 闭环控制系统的控制方式比开环控制系统要简单些。（　　）

15. 开环控制的控制结果是否达到预期的目标对其控制的过程没有影响。（　　）

16. 现代汽车广泛采用集中控制系统，是将多种控制功能集中到一个控制单元上。（　　）

17. 在电控燃油喷射系统中，喷油量控制是最基本也是最重要的控制内容。（　　）

18. 发动机在大负荷和高速工况下要求减少进气量以提高发动机的输出功率和输出扭矩。（　　）

19. 点火控制系统还具有通电时间控制和爆燃控制功能。（　　）

20. 可以使用汽车专用万用表或示波器对空挡启动开关信号电路进行测试。（　　）

二、单选题（每题只有一个正确答案，请将正确答案的序号填入括号内）

1. 电控系统主要由控制单元、（　　）、执行器3部分组成。

　A. 轮速传感器　　B. 霍尔传感器　　C. 传感器　　D. 点火系统

2. 诊断仪常用的功能:基本设定、测量数据块、(　　)、自适应功能、执行元件诊断。

A. 四轮定位　　B. 读取故障码　　C. 尾气测量　　D. 功率测定

3. 发动机控制单元具有(　　)功能,可以对各传感器和执行器的工作情况进行监测。

A. 自修复　　B. 自诊断　　C. 自动驾驶　　D. 自动定位

4. 读取和清除发动机电控系统的故障码时,维修人员必须通过(　　)设备来完成。

A. 万用表　　B. 通过专用诊断设备　　C. 四轮定位仪　　D. 发动机测功仪

5. 发动机电控系统的基本功能是燃油喷射控制和(　　)。

A. 排放控制系统　　B. 电子点火控制　　C. 涡轮增压系统　　D. 进气系统

6. 下列指示灯中,与发动机电控直接相关的是(　　)。

A. 　　B. 　　C. 　　D.

7. 电喷发动机点火控制的英文缩写为(　　)。

A. EFI　　B. ESA　　C. ISC　　D. ECU

8. 下列不属于电控燃油喷射系统中的电子控制系统的是(　　)。

A. 节气门位置传感器　　B. 汽油泵　　C. 节气门体　　D. 火花塞

9. 汽油机电子控制系统由传感器、(　　)和执行元件三大部分组成。

A. 电子控制单元　　B. 输入系统　　C. 输出系统　　D. 储存器

10. 下列哪项不是电控燃油喷射系统电子控制系统的组成部件?(　　)

A. 传感器　　B. 燃油供给系统　　C. 执行器　　D. 电控单元

11. 电控燃油喷射技术经历了晶体管、集成电路到(　　)三大发展过程。

A. 二极管　　B. 计算机　　C. 微处理　　D. 大规模集成电路

12. 目前汽油机燃油喷射系统采用的是(　　)。

A. K 型　　B. KE 型　　C. EFI 型　　D. ABS 型

13. 目前广泛采用的是(　　)喷射方式。

A. 进气管喷射　　B. 多点喷射　　C. 缸外喷射　　D. 间歇喷射

14. (　　)广泛应用于现代电控汽油喷射系统中。

A. 连续喷射方式　　B. 间歇喷射方式　　C. 两者均可　　D. 都不是

15. 微型计算机的作用是根据汽油机运行工况的需要,把各种传感器输送来的信号用(　　)中的处理程序和数据进行运算处理,并把处理结果送到(　　)。

A. 中央处理器,A/D 转换器　　B. 内存,A/D 转换器

C. 内存,输出通路　　D. 中央处理器,输出通路

16. 切断电源,记忆的数据及信息就会丢失的存储器是(　　)。

A. ROM　　B. RAM　　C. PROM　　D. EPOM

17. 在发动机电控单元存储器芯片中,点火开关断开后,(　　)存储器中的数据将被擦除。

A. RAM　　B. ROM　　C. EEPROM　　D. KARAM

18. 拆下蓄电池的电缆后,会对电控系统计算机内的(　　)部件造成影响。

A. RAM　　B. ROM　　C. A/D　　D. EPROM

19. ECU 一般至少有(　　)条接地线,以确保 ECU 总是有良好的接地。

A. 1　B. 2　C. 3　D. 4

20. ECM可以根据发动机的不同工况，向发动机提供最佳空燃比的混合气和(　　)，使发动机始终处在最佳工作状态。

A. 车速信号　B. 转速信号　C. 最佳点火时间　D. 燃油量

21. OBD-Ⅱ诊断座是(　　)端子孔的。

A. 12　B. 16　C. 14　D. 17

22. ECM的型号标志不包括(　　)。

A. 厂家标志　B. 软件标志　C. 生产日期　D. 功能说明

23. 在将检测仪器的测试线与诊断座连接时，点火开关(　　)。

A. 应置于ON位置　B. 应置于OFF位置

C. 应置于RUN位置　D. 无论在何位置均可

24. 下列哪项准确描述了怎样用电压表测量一个负载上的电压降？(　　)

A. 接红表笔到蓄电池的正极接线柱，接黑表笔到一个已知良好的接地端

B. 接红表笔到负载正极端，黑表笔接到负载接地端

C. 接红表笔到负载正极端，接黑表笔到一个已知良好的接地端

D. 接红表笔到蓄电池正极接线柱，黑表笔到负载蓄电池端

25. 关于检测仪器，下列说法错误的是(　　)。

A. 指针式万用表可以用来检测氧传感器的电压

B. 示波器屏幕上的电压波形能表示一个特定的时间间隔

C. 示波器里可以反映氧传感器的信号电压

D. 高阻抗数字式万用表用来检测氧传感器的电压

26. 检测电控汽车电子元件要使用数字式万用表，数字式万用表的优点不包括(　　)。

A. 具有高阻抗　B. 具有低阻抗　C. 测量精确　D. 显示精确

27. 发动机启动后，发动机故障指示灯熄灭，这表明(　　)。

A. 电控系统有故障　B. 故障指示灯有故障

C. 电控系统工作正常　D. 供油部分有故障

28. 有故障的ECT传感器不会引起发动机以下哪种现象？(　　)

A. 低温启动困难　B. 排放不正常

C. 高温启动困难　D. 油耗减少

29. 发动机控制系统中，执行元件不包括(　　)。

A. 喷油器　B. 点火器　C. 加速踏板　D. 怠速控制阀

30. 以下哪项信号提供空燃比反馈控制信号，进行喷油量的闭环控制？(　　)

A. 氧传感器　B. 节气门位置　C. 进气量　D. 冷却液温度

三、多选题(将正确答案的序号填入括号内，多选、少选均不得分)

1. 电子控制汽油喷射系统主要由(　　)三大部分组成。

A. 控制电路系统　B. 空气供给系统

C. 燃油供给系统　D. 点火系统

2. 发动机的主要性能指标有(　　)。

A. 动力性能指标　B. 经济性能指标

C. 排放性能指标　　D. 舒适性指标

3. 在电控燃油喷射系统中,除喷油量控制外,还包括喷油正时控制和(　　)。

A. 混合气浓度控制　　B. 断油控制

C. 燃油泵控制　　D. 喷油流速控制

4. 电控点火装置主要包括(　　)等方面。

A. 点火提前角控制　　B. 通电时间控制

C. 爆燃控制　　D. 节气门控制

5. 排放控制的项目主要包括废气再循环控制、活性炭罐电磁阀控制、氧传感器和(　　)等。

A. 空燃比闭环控制　　B. 怠速控制

C. 爆燃控制　　D. 二次空气喷射控制

6. 电控系统由(　　)三大部分组成。

A. 空燃比闭环控制　　B. 信号输入装置

C. 电子控制单元　　D. 执行元件

7. 电控燃油喷射系统按有无反馈信号可分为(　　)系统。

A. 开环控制　　B. 半开环控制

C. 闭环控制　　D. 半闭环控制

8. 在目前应用广泛采用间歇喷射方式的多点电控燃油喷射系统中,按各缸喷油器的喷射顺序又可分为(　　)。

A. 同时喷射　　B. 分组喷射

C. 顺序喷射　　D. 不定时喷射

9. 电控燃油喷射系统按喷射位置分为(　　)。

A. 单点喷射　　B. 节气门喷射

C. 进气管喷射　　D. 缸内直接喷射

10. ECU 可向传感器提供标准的(　　)V 电压。

A. 2　　B. 5　　C. 9　　D. 12

1.1.2　CAJS402 空气供给系统故障诊断

一、判断题

1. 空气流量计可应用在 L 型和 D 型电控燃油喷射系统中。(　　)

2. 空气流量计与进气管绝对压力传感器相比,检测的进气量精度更高一些。(　　)

3. 空气流量计是作为燃油喷射和点火控制的主控制信号。(　　)

4. D 型进气系统结构简单,应用比较广泛。(　　)

5. 当节气门内腔有积垢时,可用砂纸将其清除。(　　)

6. 在 D 型电控燃油系统中,进气管绝对压力传感器应用最多的是表面弹性波式。(　　)

7. 怠速稳定性修正只适用于 L 型系统。(　　)

8. 设置容量较大的进气室可防止进气的波动。(　　)

9. 设置容量较大的进气室增加了各缸进气的相互干扰。(　　)

10. 采用 D 型电控燃油喷射系统的发动机都装有谐波进气增压系统。（　　）
11. 电控发动机上装有的空气滤清器与普通发动机上的空气滤清器原理不同。（　　）
12. L 型喷射系统发动机上,空气流量计与节气门体是组合成一体的。（　　）
13. 叶片式空气流量计的旁通气道截面积增大时将使混合气变浓。（　　）
14. 翼板式空气流量计中的 CO 调整螺钉通常情况下不用进行调整。（　　）
15. 节气门位置传感器装在节气门体上,跟随节气门轴同步转动。（　　）
16. 节气门位置传感器是不需要调整的。（　　）
17. 在装有节气门限位螺钉的汽车上,可以调节节气门限位螺钉来保持发动机怠速运转。（　　）
18. 在对进气温度修正中,当进气温度高于 20 ℃时,空气密度减小,适当增加喷油时间,以防止混合气偏稀。（　　）
19. 由于叶片式空气流量计是检测进气的体积流量,所以 ECU 不根据进气温度信号进行对喷油量的修正。（　　）
20. 在测量进气管绝对压力传感器时,传感器输出的电流信号随真空度增加而下降。（　　）
21. 电位计式节气门位置传感器输出的电压信号中,节气门全关时电压值应为 5 V。（　　）
22. 电容式进气管绝对压力传感器电容量的变化量经过电路转换成电流信号输给 ECU。（　　）
23. 测量进气管绝对压力传感器输出的信号电压,随着真空度增加而下降。（　　）
24. 空气流量计的作用是测量发动机的进气量,计算机根据空气流量计的信号确定基本喷油量。（　　）
25. 进气歧管绝对压力传感器与空气流量计的作用是相当的,因此,一般车上这两种传感器只装一种。（　　）
26. 开关量输出型节气门位置传感器既能测出发动机怠速工况和大负荷工况,又能测出发动机加速工况。（　　）
27. 进气温度传感器中的热敏电阻随进气温度的升高而增大。（　　）
28. 在检查节气门体时,如内腔内有积垢和结胶情况,应用砂纸将其清理。（　　）
29. 空燃比反馈控制具有一定的局限性。（　　）
30. 某车系燃油系统中,滤清器和油压调节器组合成一体,供油总管的油压维持不变。（　　）
31. 发动机空气流量计损坏后,往往会出现油耗增加并冒黑烟等现象,但不影响加速。（　　）
32. 当怠速开关(IDL)触点接触不良后,不可能引起怠速游车故障。（　　）
33. 热线式空气流量计在工作时会保持热线电阻温度恒定不变。（　　）
34. 空气流量计信号弱的故障原因必定是空气流量计损坏。（　　）
35. 虽然增压器能提高发动机的充气效率,增大发动机的功率,但增压压力过大,会引起发动机过热,发生爆燃,引起发动机故障。（　　）
36. 检测热膜式空气流量传感器主要是检测信号电压和电源电压等。（　　）

37. 进气歧管压力传感器应用在 L 型汽油喷射系统中。（ ）

38. 进气歧管真空度受节气门开度影响,并与其成正比。（ ）

39. 利用真空表对进气管真空度进行检测,不仅能判定进气系统密封性的好坏,还可检测点火性能的好坏和空燃比大小等发动机工作状况。（ ）

40. 节气门直动式怠速控制装置是通过节气门体控制部件中的怠速稳定控制器直接控制节气门的开启来实现怠速稳定控制的,它没有怠速空气旁通道。（ ）

41. 在未完成对电子节气门总成初始化的情况下,发动机 ECU 不能很好地通过调节节气门的开度来控制发动机转矩。（ ）

42. 电子节气门系统中,节气门的实际开度与驾驶人对节气门的开度要求不一定相同。（ ）

43. 电子节气门体由节气门、节气门调节电动机、节气门位置传感器和齿轮传动装置等组成。（ ）

44. 清洗节气门后,怠速时节气门的开度就会增大。（ ）

45. 节气门自适应设定就是让 ECU 识别节气门体的基本参数。（ ）

46. 霍尔式节气门位置传感器的导通性可以用万用表检测,但其性能的好坏可以通过示波器检测信号电压波形来进行判断。（ ）

47. 采用半自动节气门体的车辆,当对节气门进行清洁或更换新的节气门体后,必须进行节气门体的自适应设定。（ ）

48. 节气门体出厂时,经过调试会保持 1°~3°的初始开度,以维持发动机对初始最低怠速转速的要求。（ ）

49. 进气温度传感器内部结构是一个负温度系数的热敏电阻。（ ）

50. 负温度系数进气温度传感器信号电压值与温度成反比(即温度越高,信号电压越低)。（ ）

51. 节气门脏污虽然影响了进气通道的截面积,但是对空气流量传感器检测进气量的精度没有太大的影响。（ ）

52. 热线式空气流量传感器有了自洁功能后,热线部分便不易被污染。（ ）

53. 进气温度传感器安装在空气流量计主空气通道的进气口处。（ ）

54. 热线式空气流量计一般都有自洁功能。（ ）

55. 速度密度方式利用空气流量传感器直接测量吸入的空气量,ECU 根据测得的空气流量和发动机转速计算出需要喷射的汽油量并控制喷油器工作。（ ）

56. 当进气温度低时,热敏电阻的阻值大,传感器输入 ECU 的信号电压高,ECU 控制发动机增加喷油量。（ ）

57. 当进气温度高时,热敏电阻的阻值大,传感器输入 ECU 的信号电压高,ECU 控制发动机减少喷油量。（ ）

58. 发动机水温低时,水温传感器输入 ECU 的水温信息使空燃比变浓,从而使发动机工作稳定。（ ）

59. 当温度低时,双金属片不动,阀门打开。当温度升高时,双金属片弯曲,阀门关闭。（ ）

60. 在双金属片式进气温度传感器的调节下,当进气歧管负压低时,无论进入空气温度如

何,进气均为低温。 ( )

61. 叶片式、量心式、热线式空气流量传感器均属于体积流量型传感器。 ( )

62. 热线式、热膜式空气流量传感器属于 D 型燃油喷射系统。 ( )

63. 叶片式空气流量传感器的进气量越大,叶片的偏转角度也越大。 ( )

64. 热膜式空气流量传感器使发热体不直接承受空气流动所产生的作用力,减少了发热体的强度,降低了流量计的可靠性。 ( )

65. 进气歧管绝对压力升高时,膜盒膨胀,使铁芯向中部运动,这时输出信号增强。 ( )

66. 进气系统的作用就是尽可能多、尽可能均匀地向各缸供给可燃混合气或纯空气。 ( )

67. 电子节气门系统取消加速踏板与节气门体之间的拉线,在加速踏板上加装踏板位置传感器。 ( )

68. 热膜式空气流量计的测量元件不直接承受空气流的作用力,其使用寿命较长。 ( )

69. 空气流量传感器与节气门体连接胶管不密封,对空气流量传感器检测的进气量没有影响。 ( )

70. 进气温度传感器在任何情况下都起作用,ECU 根据进气温度控制喷油器进行不同程度的额外喷油。 ( )

二、单选题(每题只有一个正确答案,请将正确答案的序号填入括号内)

1. 属于质量流量型的空气流量计的是( )。

A. 叶片式空气流量计 B. 热膜式空气流量计 C. 卡门旋涡式 D. 发电式

2. 当进气歧管内真空度降低时,真空式汽油压力调节器将汽油压力( )。

A. 提高 B. 降低 C. 保持不变 D. 以上都不正确

3. 关于空气流量计上的怠速调整螺钉,下列正确的是( )。

A. 用来调节汽油喷射器的供油量 B. 用来调节混合气的浓度

C. A 和 B 都正确 D. A 和 B 都不正确

4. 在( )式空气流量计中,还装有进气温度传感器和油泵控制触点。

A. 翼片 B. 卡门旋涡 C. 热线 D. 热膜

5. 电容式进气管绝对压力传感器中电容量与弹簧膜片的位移成( ),当电容量大时弹簧膜片的位移( )。

A. 正比,大 B. 反比,大 C. 正比,小 D. 反比,小

6. 带 ACC 信号输出的开关量输出型节气门位置传感器主要增加了 ACC 信号,用以检测发动机( )状况。

A. 怠速 B. 中速 C. 高速 D. 加减速

7. 当节气门开度突然加大时,燃油分配管内油压( )。

A. 升高 B. 降低 C. 不变 D. 先降低再升高

8. 技术员甲说,在进行发动机真空测试时,发动机应预热并在正常怠速状态运转。技术员乙说,应将真空表连接到位于节气门下方的真空源上来测量发动机的真空。试问谁正确?( )

A. 甲正确　　B. 乙正确　　C. 两人都正确　　D. 两人都不正确

9. 技术员甲说,当发动机在运行时可通过观测其真空度来确定排气节流。而技术员乙说,可通过用低压测压计测出的排气歧管压力来确定排气节流。试问谁正确?(　　)

A. 甲正确　　B. 乙正确　　C. 两人都正确　　D. 两人都不正确

10. 发动机温度正常时,在相当于海平面高度的条件下,怠速时真空度为(　　)kPa。

A. 30 ~ 50　　B. 50 ~ 70　　C. 70 ~ 90　　D. 100

11. 对热线式空气流量传感器,当空气质量增大时,为保持热线温度,集成电路应使热线通过的电流(　　)。

A. 不变　　B. 减小　　C. 增大　　D. 不确定

12. 步进电动机式怠速控制阀的工作原理是利用步进电动机转换控制使转子(　　),从而使阀芯左右移动以达到调节附加空气通道的截面积。

A. 不可正转,不可反转　　B. 可正转,可反转

C. 可正转,不可反转　　D. 以上都不正确

13. 长安悦翔轿车使用的进气歧管压力传感器与(　　)自成一体,安装在进气系统的动力腔上。

A. 冷却液温度传感器　　B. 进气温度传感器

C. 空气流量传感器　　D. 以上都不正确

14. 空气流量传感器安装在(　　),用来测量进入汽缸内空气量的多少。

A. 节气门之后　　B. 空气滤清器和节气门之间

C. 节气门体上　　D. 以上都不正确

15. 热线(热膜)式空气流量传感器的计量方式主要以空气质量为主,一般不受(　　)影响。

A. 进气温度　　B. 进气压力　　C. 海拔高度　　D. 以上都不正确

16. ECU 一方面接收来自空气流量传感器的进气量信号,一方面通过节气门开度与发动机转速来计算进气量,当两个差值超过预设值时,判断为(　　)。

A. 空气流量传感器失准　　B. 节气门位置传感器失准

C. 发动机转速传感器信号不良　　D. 以上都不正确

17. 当空气流量传感器进气格栅过脏时,会导致发动机加速时混合气(　　)。

A. 过稀　　B. 过浓　　C. 滞后　　D. 不确定

18. 电子节气门装置与半自动节气门装置结构基本相同,其区别是(　　)。

A. 去掉了节气门位置传感器,增加了加速踏板位置传感器

B. 去掉了节气门拉线,增加了加速踏板位置传感器

C. 去掉了节气门拉线,增加了节气门位置传感器

D. 以上都不正确

19. 在讨论燃油压力调节器时,技师甲说在电子燃油喷射(SFI)系统中,无论节气门开度如何,压力调节器都保持相同的油压。技师乙说在 SFI 系统中,与压力调节器相连的进气管真空度在节气门突然加大时导致较高的燃油压力。试问谁正确?(　　)

A. 甲正确　　B. 乙正确　　C. 两人都正确　　D. 两人都不正确

20. 在讨论混合气空燃比偏浓的原因时,技师甲说燃油泵压力偏低时可能导致混合气偏

浓。技师乙说冷却液温度传感器故障可能导致混合气偏浓。试问谁正确？(　　)

A. 甲正确　　B. 乙正确　　C. 两人都正确　　D. 两人都不正确

21. 霍尔式节气门位置传感器产生的信号属于(　　)。

A. 交流(AC)信号　　B. 脉宽调制信号　　C. 频率调制信号　　D. 以上都不正确

22. 空燃比大于理论值的混合气称为稀混合气,其特征是(　　)。

A. 气少油多,油耗低,污染小,但功率较大

B. 气多油少,油耗高,污染大,但功率较大

C. 气多油少,油耗低,污染小,但功率较小

D. 气少油多,油耗高,污染大,但功率较小

23. 空气流量计维修注意事项:不允许测量(　　)。

A. 电阻　　B. 电容　　C. 电感　　D. 电磁

24. (　　)用于控制发动机进气管的进气量,从而控制发动机的转速和输出功率。

A. 空气流量计　　B. 进气压力传感器　　C. 节气门体　　D. 喷油器

25. 电子节气门体包括节气门阀片、(　　)、节气门控制电机。

A. 节气门位置传感器　　B. 油门拉线

C. 空气流量传感器　　D. 进气压力传感器

26. 水温传感器是一个负温度系数(NTC)的热敏电阻,其电阻值随着温度上升而(　　),但不是线性关系。

A. 不变　　B. 增加　　C. 减少　　D. 以上都不正确

27. 可燃混合气中空气质量与燃油质量之比为(　　),它对发动机的动力性、燃油经济性以及尾气排放都有很大的影响。

A. 空燃比　　B. 质量比　　C. 真空比　　D. 速配比

28. 因进气质量测量法检测精度高,可以更精确地控制空燃比,被目前主流车型采用。常用的传感器是(　　)。

A. 进气压力传感器　　B. 热膜式空气流量计

C. 氧传感器　　D. 叶片式空气流量计

29. (　　)用于检测进气歧管的压力(或温度)。

A. 涡轮增压器　　B. 进气压力传感器

C. 水温传感器　　D. 燃油压力传感器

30. 装机械式节气门车辆的加速踏板通过拉线直接和(　　)相连。

A. 发动机 ECU　　B. 节气门阀片　　C. 空气流量计　　D. 进气压力传感器

三、多选题(将正确答案的序号填入括号内,多选、少选均不得分)

1. 发动机启动后的喷油量由基本喷油量和修正喷油量决定,而基本喷油量可以由(　　)两个传感器信号决定。

A. 进气压力传感器　　B. 空气流量计

C. 节气门电位计　　D. 转速传感器

E. 氧传感器

2. 运转过程中发动机故障指示灯常亮表示(　　)。

A. 空气流量计损坏　　B. 汽油泵损坏

C. 火花塞损坏　　D. 水温传感器损坏

E. 油压调节器损坏

3. 下列零部件不属于空气供给系统的是(　　)。

A. 喷油器　　B. 火花塞

C. 油压调节器　　D. 节气门位置传感器

E. 空气流量计

4. 发动机用来检测进气量的传感器有(　　)。

A. 发动机转速及曲轴位置传感器　　B. 空气流量计

C. 进气温度传感器　　D. 节气门位置传感器

E. 进气歧管绝对压力传感器

5. 根据测量原理的不同,空气流量计有哪几种类型?(　　)

A. 叶(翼)片式　　B. 卡门旋涡式

C. 热膜式　　D. 热线式

6. 在当今发动机电控系统中,应用较为广泛的进气歧管绝对压力传感器的形式有(　　)。

A. 半导体压敏电阻式　　B. 电容式

C. 膜盒传动的可变电感式　　D. 表面弹性波式

7. 电子式全自动节气门体完全取消了节气门拉线,安装了(　　)。

A. 节气门位置传感器　　B. 节气门调节电动机

C. 节气门调节电动机反馈传感器　　D. 加速踏板位置传感器

8. 进气歧管绝对压力传感器的常见故障有(　　)。

A. 真空软管脏污　　B. 真空软管有无破裂、老化、压瘪

C. 电位器电阻值不准确　　D. 压力转换元件损坏

9. 节气门位置传感器有(　　)等类型。

A. 霍尔式　　B. 磁脉冲式　　C. 滑变电阻式　　D. 触点开关式

10. 在电控汽油喷射式发动机上,增加发动机混合气浓度的常用方法有(　　)。

A. 拆去汽油压力调节器上的真空软管

B. 约束汽油压力调节器上的回油管

C. 在冷却液温度传感器线路中串入可变电阻

D. 提高电动汽油泵的转速

1.1.3　CAJS403 燃油控制系统故障诊断

一、判断题

1. 燃油系统压力过高是因安全阀卡滞造成的,还会导致系统泄漏、油耗增加、发动机爆震及高温等现象。(　　)

2. 滤清器堵塞后,将使供油管的阻力增加,供油不足,造成混合气过浓,发动机功率下降。(　　)

3. 喷油器按阻值的不同分为高阻值和低阻值喷油器,其中高阻值为 20 ~ 30 Ω,低阻值为 2 ~ 5 Ω。(　　)

4. 在进行喷油器清洗前,应先进行喷油器的雾化、滴漏、平均喷油量测试。 ( )

5. 缸内喷射需要较高的压力,一般为 3 ~5 MPa。 ( )

6. 燃油系统压力过低是因系统电流小、安全阀、电动机本身故障、滤网堵塞等引起。 ( )

7. 长期不更换汽油滤清器会造成车辆加速无力或无高速等故障。 ( )

8. 一般喷油器每次打开喷油的时间为 2 ~10 ms,针阀升程 0.5 mm 左右,喷油持续时间越长,喷油量越大。 ( )

9. 蓄电池电压的高低,对喷油器的无效喷油期没有影响。 ( )

10. 外加电压越高,电动燃油泵的转速也越高。 ( )

11. 油品辛烷值大小对燃油燃烧没有影响。 ( )

12. 在拆卸燃油系统内任何元件时,都必须首先释放燃油系统压力。 ( )

13. 通过测试燃油系统压力,可诊断燃油系统是否有故障。 ( )

14. 顺序喷射方式中,发动机每一个工作循环中,各喷油器均喷射一次。 ( )

15. 在用蓄电池直接给燃油泵通电时,应注意通电时间不能过长。 ( )

16. 电动燃油泵是一种由小型交流电动机驱动的燃油泵。 ( )

17. 在断油控制中,冷却水温越高,断油和恢复喷油的转速就越快。 ( )

18. 活性炭罐受 ECU 控制,在各种工况下都工作。 ( )

19. 燃油蒸汽的主要有害成分是 HC。 ( )

20. 在所有的 EVAP 系统中,活性炭罐上都设有真空控制阀。 ( )

二、单选题(每题只有一个正确答案,请将正确答案的序号填入括号内)

1. 电喷系统的供油压力较高,如需拆卸油管前应对燃油系统进行卸压,卸压方法是( )。

A. 直接拔掉燃油泵出口的油管

B. 断掉电瓶

C. 拆下燃油泵继电器,启动发动机怠速运转,直到自行熄灭

D. 松开加速踏板

2. 拆卸和重新安装喷油器时,必须更换( ),且不得损伤喷油器的密封面。

A. 喷油器　　B. O 形圈

C. 喷油器固定螺母　　D. 针阀

3. 诊断仪可以对燃油泵执行“( )”操作,以此来判断喷油泵相关线路是否有故障。

A. 读故障码　　B. 清除故障码　　C. 元件动作测试　　D. 复制

4. 如果喷油器喷嘴被长期形成的胶质物堵塞,就会影响喷油器的正常工作,导致发动机怠速不稳、启动困难、动力不足等多种故障,因此及时( )。

A. 更换活塞　　B. 更换喷油器

C. 对喷油器进行维护　　D. 更换油管

5. 油箱中的燃油吸收环境的热辐射和回油管路的热量,其中碳氢化合物主要以( )的形式从油箱挥发出去。

A. 油滴　　B. 蒸汽　　C. 水滴　　D. 尾气

6. 燃油泵的正负极( )接反。

A. 可以　B. 不可以　C. 无所谓　D. 以上都不正确

7. 整个发动机燃油系统的压力一般为(　　)kPa。

A. 450　B. 300　C. 150　D. 50

8. 安装完喷油器后进行燃油分配管总成(　　)检测,无泄漏者方为合格。

A. 密封性　B. 力矩　C. 线路　D. 以上都正确

9. 启动期间,基本燃油喷射时间是由(　　)信号决定的。

A. 发动机转速　B. 水温　C. 进气量　D. 进气压力

10. 电磁式高阻喷油器应用于(　　)驱动方式。

A. 电流　B. 电压　C. 电容　D. 电阻

11. 与轴针式喷油器相比,孔式喷油器的特点是(　　)。

A. 不易堵　B. 动态响应差　C. 流量范围大　D. 密封差

12. 堵住油压调节器的真空管,系统油压会(　　)。

A. 升高　B. 降低　C. 不变　D. 乱跳

13. 检查燃油泵好坏最直接的方法是(　　)。

A. 直接搭蓄电池正极,看是否转动正常　B. 用故障诊断仪读故障码

C. 用鼻子闻　D. 直接拆开

14. 断开点火开关 10 min 后,若系统油压偏低,当重新启动使油压达到规定值后,断开点火开关,并用钳子夹住油压调节器回油管,若油压仍偏低,则可能的原因是(　　)。

A. 油压调节器失效　B. 喷油器泄漏　C. 滤清器堵塞　D. 油泵失效

15. 断开点火开关 10 min 后,若系统油压偏低,当重新启动使油压达到规定值后,断开点火开关,并用钳子夹住油压调节器回油管,若油压正常,则说明(　　)有问题。

A. 油压调节器　B. 喷油器　C. 输油管　D. 油泵出油阀

16. 启动发动机前如果点火开关位于“ON”位置,电动汽油泵(　　)。

A. 持续运转　B. 不运转

C. 运转 10 s 后停止　D. 运转 2 s 后停止

17. 当进气歧管内真空度降低时,真空式汽油压力调节器将汽油压力(　　)。

A. 提高　B. 降低　C. 保持不变　D. 以上都不正确

18. 某汽油喷射系统的汽油压力过高,以下正确的是(　　)。

A. 电动汽油泵的电刷接触不良　B. 回油管堵塞

C. 汽油压力调节器密封不严　D. 以上都正确

19. 当进气温度在(　　)℃时,空气密度小,可适当减小喷油时间。

A. 20　B. 高于 20　C. 低于 20　D. 15

20. 以下各喷油器故障除一项外均能造成复合式车辆怠速不稳,是哪一项?(　　)

A. 喷油器电路断路　B. 节气门位置传感器失效

C. 喷油器卡住并保持在开启状态　D. 进气歧管有真空泄漏

21. 技术员甲说复合式车辆燃油压力读数低就说明燃油泵该更换了。技术员乙说复合式车辆上燃油压力读数高说明燃油滤清器或燃油管被堵塞了。试问谁正确?(　　)

A. 甲正确　B. 乙正确　C. 两人都正确　D. 两人都不正确

22. 对复合式车辆进行燃油压力的检查,在怠速时,测得压力为 261.11 kPa。技术员甲

说，在回油管路上燃油受到阻滞会产生这种问题。技术员乙说，燃油压力调节器真空管断开可能会产生这种问题。试问谁正确？（　　）

A. 甲正确　B. 乙正确　C. 两人都正确　D. 两人都不正确

23. 在速度密度型的喷油系统中，对喷油器的接通时间或喷油持续期影响最大的传感器是（　　）。

A. 质量空气流量传感器　B. 进气歧管绝对压力传感器
C. 氧传感器　D. 发动机冷却液温度传感器

24. 汽油喷射发动机的怠速通常是由（　　）控制的。

A. 自动阻风门　B. 怠速调整螺钉　C. 步进电机　D. 继电器

25. 最小点火提前角为（　　）。

A. $-10°\sim0$　B. $0\sim10°$　C. $-10°\sim10°$　D. $10°\sim20°$

26. 发动机转动时，检查霍尔传感器 B 和 C 端子间输出信号的电压应为（　　）V。

A. 5　B. 0　C. 0 ~ 5　D. 4

27. 对喷油量起决定性作用的是（　　）。

A. 空气流量计　B. 水温传感器
C. 氧传感器　D. 节气门位置传感器

28. 负温度系数的热敏电阻其阻值随温度的升高而（　　）。

A. 升高　B. 降低　C. 不受影响　D. 先高后低

29. 下列因素中，不会引起燃油压力过低的是（　　）。

A. 燃油泵连接件松动　B. 燃油泵压力调节器出故障
C. 燃油泵膜片不合格　D. 燃油泵入口有阻塞

30. 进行燃油压力检测时，按正确的工序应先进行以下哪一步？（　　）

A. 断开燃油蒸发罐管路
B. 将燃油压力表连到电控燃油喷射系统的回流管路上
C. 在将燃油压力表连接到电喷系统上以前先将管路中的压力卸掉
D. 拆下燃油机（分配器）上的燃油管

31. 装有双进气系统（DIS）的发动机存在不能启动故障，讨论其可能的原因时：技术员甲说，导致这一问题的原因是曲轴或凸轮轴传感器的信息丢失。而技术员乙说，点火线圈故障会引起这一问题。试问谁正确？（　　）

A. 甲正确　B. 乙正确　C. 两人都正确　D. 两人都不正确

32. 拆下燃油泵后，测量燃油泵两端子之间电阻，应为（　　）Ω。

A. 20 ~ 30　B. 2 ~ 3　C. 50 ~ 60　D. 10 ~ 15

33. 将电动汽油泵置于汽油箱内部的目的是（　　）。

A. 便于控制　B. 降低噪声　C. 防止气阻　D. 便于维修

34. 当结构确定后，电磁喷油器的喷油量主要决定于（　　）。

A. 喷油脉宽　B. 点火提前角　C. 工作温度　D. 室温

35. 汽油机电控系统的电磁喷油器的喷油量是根据计算机发出的（　　）而决定的。

A. 电流　B. 电压　C. 脉冲　D. 频率

36. 异步喷射的喷油量控制一般是（　　）。

A. 固定的　　B. 根据需要变化
C. 与同步喷射一起　　D. 启动与加速时的油量是一样的

37. 发动机工作时的燃油量是(　　)。
A. 喷油器喷油量　　B. 燃油泵供油量
C. 来自燃油箱的蒸发控制燃油蒸气量　　D. A 和 B

38. 限速断油的目的是(　　)。
A. 防止超速　　B. 节约燃油　　C. 提高车速　　D. 降低排放

39. 减速断油的目的之一是(　　)。
A. 熄火　　B. 降低排放　　C. 便于换挡　　D. 降低 CO 量

40. 以下哪个装置属于电控燃油喷射系统中的燃油供给系统(　　)。
A. 发动机转速传感器　　B. 油压调节器
C. 曲轴位置传感器　　D. 空气流量计

41. 内置式电动燃油泵多采用(　　)。
A. 涡轮式　　B. 转子式　　C. 侧槽式　　D. 滚柱式

42. 现代汽车电控燃油喷射系统中,燃油压力调节器的作用是(　　)。
A. 保持供油压力不变　　B. 保持喷油器内外压差恒定
C. 减少燃油脉动　　D. 储存压力

43. 燃油压力调节器能将汽油压力和进气真空度之间的压力差保持为恒定值,通常为(　　)MPa。
A. 0.5　　B. 0.25　　C. 0.1　　D. 0

44. 以下属于燃油喷射发动机执行器的是(　　)。
A. 曲轴位置传感器　　B. 节气门位置传感器
C. 空气流量计　　D. 活性炭罐电磁阀

45. 配置电控汽油机的汽车上,驾驶员通过加速踏板直接对(　　)进行控制。
A. 进气量　　B. 汽油量　　C. 点火能量　　D. 点火时间

46. 顺序喷射的喷射时刻在(　　)。
A. 进气行程下止点前　　B. 排气行程上止点前
C. 排气行程上止点后　　D. 压缩行程上止点前

47. 多点喷射系统,电磁喷油器安装在(　　)上。
A. 进气总管　　B. 进气歧管　　C. 汽缸体　　D. 汽缸体内

48. 电控系统在启动开关处于接通状态时,ECU 接收到第一个 G 信号和 Ne 信号,表示发动机处于(　　)工况。
A. 启动　　B. 起步　　C. 加速　　D. 异步喷射

49. 同步喷射在即定曲轴位置喷油,具有(　　)。
A. 规律性　　B. 随意性　　C. 根据需要　　D. 油量固定

50. L 型电控发动机喷油器的基础喷油量是由(　　)和曲轴转速决定的。
A. 节气门位置　　B. 冷却液温度　　C. 空气流量　　D. 发动机负荷

51. 燃油泵进口的燃油滤网被污染,以下做法正确的是(　　)。
A. 清洁燃油箱及燃油滤网,然后对燃油系统做进一步检查

B. 把燃油泵进口处清洁干净，再装上燃油泵就可以继续使用

C. 更换油泵，旧滤网可以继续使用

D. 必须更换全新喷油器

52. 什么组件装在汽油油箱里能阻止大的污染物质进入电动燃油泵？(　　)

A. 燃油滤清器　　B. 柴油滤清器　　C. 空气滤清器　　D. 滤网

53. 电控发动机燃油泵工作电压检测时，蓄电池电压、燃油泵熔丝、(　　)、燃油滤清器均应正常。

A. 点火线圈电压　　B. 燃油泵继电器　　C. 燃油泵　　D. 发电机电压

54. 一般随发动机水温逐渐升高，电子控制单元(ECU)控制喷油量逐渐(　　)。

A. 增加　　B. 减少　　C. 不变　　D. 跳动变化

55. 多点喷射的电控燃油喷射系统是通过控制喷油器的(　　)来控制喷油量大小的。

A. 喷油压力　　B. 喷油时间　　C. 喷孔大小　　D. 针阀行程

56. 在检测喷油器时测得其线圈电阻力 2 Ω，并外串电阻，该喷油器的驱动方式为(　　)。

A. 电压驱动　　B. 电流驱动　　C. 直接驱动　　D. 电感驱动

57. 发动机关闭后，(　　)使汽油喷射管路中保持残余压力。

A. 电动汽油泵的过载阀　　B. 汽油滤清器

C. 汽油喷射器　　D. 以上都不正确

58. 电控燃油喷射发动机燃油压力检测时，将油压表接在供油管和(　　)之间。

A. 燃油泵　　B. 燃油滤清器　　C. 油箱　　D. 喷油器

59. 当检测电控发动机的燃油供给系统时，发现油压偏低，下面哪项不会导致这个问题？(　　)

A. 燃油泵电压低　　B. 燃油滤清器堵塞

C. 燃油压力调节器真空管路漏气　　D. 燃油泵搭铁不良

60. 采用免拆清洗设备清洗汽油发动机喷油器时，以下错误的是(　　)。

A. 在清洗喷油器期间，必须切断油的回油管路

B. 在清洗喷油器期间，应关断电动燃油泵

C. 将一定量的清洗液加入汽油箱

D. 必须采用压缩空气保持清洗罐有一定的压力

61. 四缸电喷发动机将两个喷油器的控制线路合并在一起后经计算机控制，这种喷射方式是(　　)。

A. 分组喷射　　B. 同时喷射　　C. 顺序喷射　　D. 单点喷射

62. 发动机水温高于(　　)℃，冷启动喷油器不工作。

A. 20 ~ 30　　B. 30 ~ 40　　C. 20 ~ 40　　D. 40 ~ 50

63. 电控燃油喷射系统燃油的计量与控制是通过(　　)来完成的。

A. 机械传动　　B. 电子控制单元　　C. 液力控制　　D. 化油器

64. 在常见的汽油发动机管理系统中，当发动机的转速超过系统设定的最高转速时，系统将(　　)，来控制转速无限制地上升，以保护发动机。

A. 切断点火　　B. 切断喷油

C. 同时切断点火和喷油　　D. 减少点火提前角

65. 单点喷射系统采用下列哪种喷射方式?(　　)

A. 顺序喷射　　B. 分组喷射　　C. 同时喷射　　D. 以上都不正确

66. 汽油压力调节器的作用是使油管中的汽油压力与进气歧管中的压力差(　　)。

A. 保持恒定　　B. 随进气歧管内压力升高而升高

C. 随进气歧管内压力升高而下降　　D. 随喷油量的增加而增加

67. 无回油供油系统采用的油压调节器,其控制的油路压力为(　　)。

A. 恒定不变的　　B. 随进气管气压变化而变化

C. 变小了　　D. 变大了

68. 以下关于燃油蒸发控制系统功能的叙述不正确的是(　　)。

A. 从燃油箱蒸发的燃油蒸汽,被排出到活性炭罐内

B. 当发动机在高速运行时燃油蒸汽排出到大气中

C. 当发动机运行时燃油蒸汽被从炭罐吸到进气歧管

D. 根据需要控制进入进气歧管的量

69. 电控燃油喷射系统发动机是否属于开环控制系统,是根据有无(　　)来区分的。

A. 废气再循环装置　　B. 氧传感器

C. 爆震传感器　　D. 故障自诊断功能

70. 一辆车的燃油控制组件不能改变喷油器脉宽,下列哪项可能引起这个问题?(　　)

A. 燃油压力调节器失效　　B. 氧传感器故障

C. 燃油泵压力不足　　D. 燃油控制组件失效

71. 当节气门开度突然加大时,燃油分配管内油压(　　)。

A. 升高　　B. 降低　　C. 不变　　D. 先降低再升高

72. 喷油量修正不需要(　　)修正。

A. 进气温度　　B. 蓄电池电压　　C. 冷却液温度　　D. 大气压力

73. 在讨论燃油泵压力偏低时,技师甲说油泵电压偏低会导致空燃比高。技师乙说油泵电压偏低会导致油泵供油量偏少。试问谁正确?(　　)

A. 甲正确　　B. 乙正确　　C. 两人都正确　　D. 两人都不正确

74. 某汽油发动机汽车的发动机性能差,怀疑是油泵损坏,下列说法错误的是(　　)。

A. 测试燃油压差　　B. 用水做试验测量油泵的流量

C. 拆下油泵检查　　D. 检查油泵的滤网和油箱的清洁情况

75. D 型电喷发动机,当发生真空泄漏时,发动机怠速会(　　)。

A. 降低　　B. 不变　　C. 增高　　D. 熄火

76. 发动机中出现有故障的喷油器,不可能会出现(　　)。

A. 怠速时发动机熄火　　B. 发动机加速缓慢

C. 发动机喘震　　D. 燃油压力上升

77. 在讨论检查喷油器时,技师甲说有故障的喷油器能使怠速时发动机熄火。技师乙说喷油器堵塞可能使发动机加速缓慢。试问谁正确?(　　)

A. 甲正确　　B. 乙正确　　C. 两人都正确　　D. 两人都不正确

78. 当(　　)信号丢失时,喷油器将停止喷油。

A. 水温传感器　　B. 节气门位置传感器
C. 氧传感器　　D. 发动机转速传感器

79. 在讨论燃油泵压力故障诊断时，技师甲说燃油压力高于规定值可能由压力调节器回油管堵塞引起。技师乙说燃油泵单向阀损坏会引起发动机熄火后残余油压过低，不利于下次启动。试问谁正确？（　　）

A. 甲正确　　B. 乙正确　　C. 两人都正确　　D. 两人都不正确

80. 每当汽车经过一个颠簸时，机油报警灯均要发亮，下列最有可能的故障原因是（　　）。

A. 机油压力低　　B. 发送装置短路接地
C. 灯电路断路　　D. 发送装置导线松动或有短路故障

三、多选题（将正确答案的序号填入括号内，多选、少选均不得分）

1. 电动汽油泵本身最常见的故障有（　　）。

A. 滤网堵塞　　B. 泵内阀泄漏
C. 电动机故障　　D. 电动汽油泵因磨损而泵油压力不足

2. 电动汽油泵的止回阀的作用是（　　）。

A. 可防止汽油倒流，保持管路残余压力，便于发动机热启动
B. 可使发动机熄火后油路内汽油仍保持一定压力，减少气阻现象
C. 防止管路内油压过高
D. 防止在工作中，出油口下游因某些原因出现堵塞时，发生管路破损和汽油泄露事件

3. 下列（　　）属于电动汽油泵的基本结构。

A. 永磁式电动机　　B. 止回阀　　C. 安全阀　　D. 滤网

4. 若汽油系统保持压力过低，应检查（　　）。

A. 电动汽油泵保持压力　　B. 汽油压力调节器保持压力
C. 喷油器有无泄漏　　D. 汽油滤清器是否堵塞

5. 电喷发动机的喷油量取决于（　　）等因素。

A. 喷油嘴针阀行程　　B. 喷油嘴喷口面积
C. 喷射环境压力与油压压差　　D. 喷油嘴电磁线圈的通电时间

6. 汽油机燃料供给系统的作用是不断地输送滤清后的汽油和清洁的新鲜空气，根据发动机各种不同工作情况的要求，配制出一定（　　）的可燃混合气，供入汽缸，并在燃烧做功后，将废气排出。

A. 数量　　B. 质量　　C. 浓度　　D. 体积

7. 多点间歇汽油喷射系统按喷射时序可分为（　　）。

A. 同时喷射　　B. 分组喷射　　C. 顺序喷射　　D. 单独喷射

8. 喷油器按喷油口的结构不同，可分为（　　）类型。

A. 孔式　　B. 柱式　　C. 轴针式　　D. 圆式

9. 测量电控发动机燃油系统的油压时，启动发动机，使之怠速运转，观察油压表上的油压值，若油压过低，应检查（　　）。

A. 汽油压力调节器　　B. 汽油压力调节器的真空软管
C. 汽油滤清器　　D. 电动汽油泵

10. 若汽油系统保持压力过低,应检查(　　)。

A. 汽油滤清器是否堵塞　　B. 汽油压力调节器保持压力

C. 喷油器有无泄漏　　D. 电动汽油泵保持压力

1.1.4　CAJS404 点火系统故障诊断

一、判断题

1. 推迟点火提前角可以有效地减轻或消除爆震现象。(　　)

2. 发动机冷却液的温度(ECT)传感器为负温度系数热敏电阻,当温度增加时,热阻器的电阻增加;反之,当温度减小时,则电阻减小。(　　)

3. 点火线圈的次级电压是和初级电路断开的瞬间初级电流成反比。(　　)

4. 在检测爆震传感器时,用小锤轻敲传感器附近缸体,其输出电压应发生变化。(　　)

5. 当水温传感器有故障时,会引起油耗升高。(　　)

6. 曲轴位置传感器只作为喷油正时控制的主控制信号。(　　)

7. 拆下或更换发动机爆震传感器时,传感器的固定力矩应在规定值内。(　　)

8. 轻微的爆燃可使发动机功率上升,油耗下降。(　　)

9. 增大点火提前角是消除爆燃的最有效措施。(　　)

10. 当发动机的负荷减小时,汽缸内的温度和压力均降低。(　　)

11. 对于初级电流通电时间的修正与蓄电池的电压无关。(　　)

12. 点火提前角随发动机的转速升高而增大。(　　)

13. 爆震传感器输出的信号频率与发动机振动频率是不一致的。(　　)

14. 一般来说,缺少转速信号、电子点火系统将不能点火。(　　)

15. 在无分电器点火系统(1 个点火线圈驱动,2 个火花塞)中,如果其中一个汽缸的火花塞无间隙短路,那么相应的另一缸火花塞也将无法跳火。(　　)

16. 最大点火提前角一般为 35°~45°。(　　)

17. 在电控点火系统中,Ne 信号主要用来计量点火提前角的通电时间。(　　)

18. ECU 根据凸轮轴位置传感器的信号来确定发动机转速。(　　)

19. 用万用表测爆燃传感器的端子与壳体之间应导通。(　　)

20. 发动机冷车启动后的暖机过程中,随着冷却水温的提高,点火提前角也应适当增加。(　　)

二、单选题(每题只有一个正确答案,请将正确答案的序号填入括号内)

1. 汽油发动机在运转时,由于没有点火、混合气过稀或过浓、压缩压力过低或其他原因,导致吸入汽缸内的混合气不能燃烧,称为(　　)。

A. 失火　　B. 着火　　C. 损坏　　D. 缺缸

2. 火花塞的"间隙"是其主要工作技术指标,间隙过(　　),点火线圈和分电器产生的高压电难以跳过,致使发动机启动困难。

A. 小　　B. 大　　C. 等于 0　　D. 以上都不正确

3. 爆震传感器的敏感元件是(　　),当振动或敲缸发生时,压电陶瓷产生一个电压峰值,敲缸或振动越大,产生的峰值就越大。

A. 压电陶瓷　　B. 负温度系数传感器　　C. 电磁线圈　　D. 压敏元件

4. 在曲轴位置的齿圈上加工出“两个缺齿”，不仅可以测量转速，也可获取曲轴的(　　)。

A. 位置信息　　B. 圆跳动　　C. 故障信息　　D. 以上都不正确

5. 水温传感器是一个负温度系数(NTC)的热敏电阻，其电阻值随着温度上升而(　　)，但不是线性关系。

A. 不变　　B. 增加　　C. 减少　　D. 以上都不正确

6. (　　)和转速传感器相配合，为 ECU 提供曲轴相位信息，即区分 1 缸的压缩上止点和排气上止点。

A. 氧传感器　　B. 空气流量计　　C. 凸轮轴位置　　D. 以上都不正确

7. 测量水温传感器的方法：万用表打到(　　)挡，两表笔分别接传感器 1 号、2 号针脚，将传感器加热，测量(　　)的变化。

A. 欧姆，电压　　B. 欧姆，电阻　　C. 电压，电阻　　D. 以上都不正确

8. 点火系统通常由供电部分、控制驱动装置、点火线圈、高压线和(　　)等组成。

A. 火花塞　　B. 起动机　　C. 马达　　D. 以上都不正确

9. 火花塞按照(　　)来分，有镍合金、铱金和铂金等。

A. 是否加热　　B. 电极材质　　C. 热值高低　　D. 以上都不正确

10. 火花塞有一个(　　)和一个侧电极，两电极之间是绝缘的。当在火花塞两电极间加上直流电压且电压升高到一定值时，火花塞两电极之间的间隙就会被击穿而产生电火花。

A. 次级线圈　　B. 中心电极　　C. 铁芯　　D. 以上都不正确

11. 造成电控发动机混合气偏浓的可能原因是(　　)。

A. 燃油泵压力低　　B. 水温传感器输出电压偏高

C. 喷油器节流　　D. 进气管真空泄漏

12. 怠速转速偏高的可能原因是(　　)。

A. 怠速阀卡在小开度　　B. 水温传感器故障

C. 冷却剂液面偏低　　D. BTDC 偏小

13. 发动机运转中，用小锤轻敲爆震传感器附近处，点火提前角应(　　)。

A. 变大　　B. 不变　　C. 变小　　D. 以上都不正确

14. 发动机启动时的基本喷油时间是由(　　)传感器信号决定的。

A. CTS　　B. CPS　　C. AFS　　D. TPS

15. 发动机启动后的基本喷油时间是由(　　)传感器信号决定的。

A. CTS　　B. CPS 和 AFS　　C. CPS 和 TPS　　D. AFS 和 TPS

16. 怠速时，随着水温的升高，点火提前角应(　　)。

A. 增大　　B. 减少　　C. 不变　　D. 以上都不正确

17. 怠速时，随着水温的升高，ISCV 阀的开度应(　　)。

A. 增大　　B. 减少　　C. 不变　　D. 以上都不正确

18. 初级线圈的导通时间决定于(　　)。

A. 转速　　B. 负荷　　C. 水温　　D. 蓄电池电压

19. 水温传感器有故障时，会造成(　　)。

A. 排放失常　　B. 爆震　　C. BTDC 小　　D. 蓄电池电量过低

20. 向 ECU 输入信号,实现超速断油控制的传感器是(　)。

A. 节气门位置传感器　　B. 水温传感器

C. 曲轴位置传感器　　D. 进气压力传感器

21. 下列说法正确的是(　)。

A. 发动机转速升高,点火提前角应增大

B. 发动机转速升高,点火提前角应减小

C. 发动机负荷大,点火提前角大

D. 发动机负荷小,点火提前角小

22. 混合气在汽缸内燃烧,当最高压力出现在上止点(　)左右时,发动机输出功率最大。

A. 前 10°　　B. 后 10°　　C. 前 5°　　D. 后 5°

23. 在装有(　)系统的发动机上,发生爆震的可能性增大,更需要采用爆震控制。

A. 废气再循环　　B. 涡轮增压　　C. 可变配气相位　　D. 排气制动

24. 下列说法正确的是(　)。

A. 在怠速稳定修正中,ECU 根据目标转速修正点火提前角

B. 辛烷值较低的汽油,抗爆性差,点火提前角应减小

C. 初级电路被断开瞬间,初级电流所能达到的值与初级电路接通时间长短无关

D. 随着发动机转速的提高和电源电压下降,闭合角增大

25. 下列不是怠速稳定修正控制信号的是(　)。

A. 车速传感器　　B. 空调开关信号

C. 冷却水温度信号　　D. 节气门位置传感器信号

26. 关于点火控制电路维修的说法,正确的是(　)。

A. 发动机怠速时,检查点火器"IGT"端子与搭铁之间应无脉冲信号

B. 发动机怠速时,检查点火器"IGT"端子与搭铁之间应有脉冲信号

C. 怠速时检查 ECU 的"IGF"端子与搭铁之间应无脉冲信号

D. 点火开关接通后,用万用表检查点火线圈的"+"与搭铁之间的电压应为 5 V

27. 凸轮轴位置传感器产生两个 G 信号,G1 信号和 G2 信号相隔(　)曲轴转角。

A. 180°　　B. 90°　　C. 270°　　D. 360°

28. Ne 信号是指发动机(　)信号。

A. 凸轮轴转角　　B. 车速传感器　　C. 曲轴转角　　D. 空调开关

29. 启动时点火提前角是固定的,一般为(　)左右。

A. 15°　　B. 10°　　C. 30°　　D. 20°

30. 当冷却液温度超过预设温度且牵引控制系统正在运作时,点火正时应(　)。

A. 提前　　B. 延迟　　C. 不变　　D. 以上都不正确

31. 电控车辆上水温、油温、进气温度传感器为(　)温度传感器。

A. 扩散电阻式　　B. 热敏电阻式

C. 半导体晶体管式　　D. 热电偶式

32. 作用在火花塞两电极之间的电压一般为(　)V。

A. 220　　B. 380　　C. 1 000 ~ 1 800　　D. 10 000 ~ 15 000

33. 电子控制燃油喷射系统是以 ECU 为控制核心,以空气流量和(　　)为控制基础,以喷油器、点火器和怠速空气调整器为控制对象。

A. 发动机动力　B. 发动机工况　C. 发动机转速　D. 发动机负荷

34. 当汽车处于(　　)时,电控燃油喷射系统增加异步喷射。

A. 启动　B. 怠速　C. 大负荷　D. 中等负荷

35. 在多点电控汽油喷射系统中,喷油器的喷油量主要取决于喷油器的(　　)。

A. 针阀升程　B. 喷孔大小

C. 内外压力差　D. 针阀开启的持续时间

36. ECU 一般以(　　)为进气温度信息的标准温度。

A. 25 ℃　B. 20 ℃　C. 30 ℃　D. 22 ℃

37. L 型电控燃油喷射系统汽油机的喷油量大小取决于进气管内的空气(　　)。

A. 流速　B. 流量　C. 压力　D. 温度

38. 电动汽油泵由泵体、永磁式直流电动机和壳体 3 部分组成,其中使汽油压力升高的是(　　)。

A. 泵体　B. 永磁式直流电动机　C. 壳体　D. 燃油滤清器

39. (　　)电磁喷油器适合于电流驱动。

A. 高阻值　B. 低阻值　C. 两者都行　D. 两者都不行

40. 凸轮轴位置传感器用于(　　)。

A. 检测发动机转速

B. 检测曲轴位置,进行喷油正时和点火正时控制

C. 告知 ECU 已经点火了

D. A 和 B 都正确

41. 最佳点火提前角随转速的升高而(　　)。

A. 减小　B. 增大　C. 先减小后增大　D. 不变

42. ECU 输给点火器的信号是(　　)。

A. 直流　B. 脉冲　C. 交流　D. 电阻

43. 双缸同时点火,两火花塞是(　　)电路。

A. 并联　B. 串联　C. 混联　D. 独立

44. 在讨论无分电器双缸点火系统时。技师甲说当一对火花塞跳火时,汽缸中一个处于排气行程,另一个处于压缩行程。技师乙说每对火花塞串联跳火。试问谁正确?(　　)

A. 甲正确　B. 乙正确　C. 两人都正确　D. 两人都不正确

45. 在发动机冷却液温度传感器是一个负温度系数的热敏电阻,在检验发动机冷却液温度传感器时,一般情况下(环境温度 30 ℃时),该传感器的电阻值为(　　)。

A. 320 Ω　B. 1.5 kΩ　C. 45 Ω　D. 0.3 kΩ

46. 在讨论传感器时,技师甲说发动机冷却液温度升高时,冷却液温度传感器的电阻值增加。技师乙说随着冷却液温度升高,冷却液温度传感器的电压降下降。试问谁正确?(　　)

A. 甲正确　B. 乙正确　C. 两人都正确　D. 两人都不正确

47. 一般来说,缺少了(　　)信号,电子点火系统将不能点火。

A. 曲轴转速　B. 水温　C. 氧传感器　D. 节气门开度

48. 飞轮或曲轴皮带轮信号齿轮的缺齿位置,可以起(　　)作用。

A. 提供第一缸上止点信号　　B. 提供判缸识别信号

C. 提供曲轴转角信号　　D. 提供凸轮轴位置传感器信号

49. 如正时链磨损超过了规定值,应(　　)。

A. 换正时链　　B. 换正时齿轮

C. A 和 B 都正确　　D. A 和 B 都不正确

50. 在用电阻表测试点火线圈时,以下正确的是(　　)。

A. 点火线圈中初级绕组的检查结果为 5 Ω,而规定值是 1 Ω,说明线圈的初级绕组搭铁

B. 点火线圈中初级绕组的检查结果为 0.5 Ω,而规定值是 1 Ω,说明线圈的初级绕组开路

C. 可以将电阻表拨到 R×10 挡上测试次级绕组

D. 点火线圈中初级绕组的检查结果为 0.5 Ω,而规定值是 1 Ω,说明线圈的初级绕组短路了

51. 在 ECU 控制的点火放大器中,有 1 个“IGF”信号,它属于(　　)。

A. 点火正时　　B. 点火反馈信号

C. 点火缸序信号　　D. 爆震信号

52. 如果发动机爆震传感器的固定力矩大于规定值,以下说法正确的是(　　)。

A. 传感器的灵敏度将下降,导致点火提前角变小

B. 传感器的灵敏度将下降,导致点火提前角变大

C. 传感器将过于灵敏,导致点火提前角变小

D. 传感器将过于灵敏,导致点火提前角变大

53. 点火过早会使发动机(　　)。

A. 过热　　B. 功率下降

C. 燃油消耗率下降　　D. 排气管冒黑烟

54. 点火过迟会导致发动机(　　)。

A. 排气管放炮　　B. 耗油率下降　　C. 化油器回火　　D. 曲轴反转

55. 点火系统恒流控制电路可使初级电流控制在(　　)。

A. 7 A 内　　B. 30 A 内　　C. 3~5 A　　D. 10 A 左右

56. 在分解发动机的过程中,发现火花塞的端头成雪白色,下列正确的是(　　)。

A. 对大多数发动机来说,火花塞的端头成雪白色是正常的

B. 发动机过热

C. 混合气体过浓

D. 高压点火线圈漏电

57. 当在点火线圈初级线圈中的低压电流被开关装置中断时,会发生的情况是(　　)。

A. 磁场消失

B. 在点火线圈次级线圈中感应出高能感高压脉冲

C. A 和 B

D. 初级线圈开始充磁

58. 下列会导致偏高的次级点火电压的是(　　)。

A. 火花塞间隙太小　　B. 混合气偏稀　　C. 火花塞积炭　　D. 高压线漏电

59. 在 ECU 控制的电控点火系统中,由(　　)控制初级线圈电流。

A. 断电触点　　B. 功率三极管　　C. 点火线圈　　D. 分电器

60. 在双缸点火的点火系统中,当一缸行至压缩行程上止点时火花塞点火,请问另一缸是处在什么行程?(　　)

A. 排气行程上止点　　B. 排气行程下止点

C. 做功行程下止点　　D. 进气行程上止点

61. 在讨论无分电器双缸同时点火系统时,下列错误的是(　　)。

A. 当一对火花塞跳火时,汽缸中的一个缸处于排气行程,另一个缸处于压缩行程

B. 每对火花塞串联跳火

C. 同时跳火的火花塞跳火方向相反

D. 由于火花塞的间隙相同,同时跳火的两缸所消耗的跳火能量是相同的

62. 电极伸出长度、热值和间隙直接影响点火系统(　　)的工作性能。

A. 点火线圈　　B. 点火高压线　　C. 火花塞　　D. 断电器触点

63. 暖机加浓的目的:冷机时燃油蒸发性差,为使发动机迅速进入最佳工作状态,必须供给(　　)。

A. 标准混合气　　B. 最佳喷油量　　C. 浓混合气　　D. 稀混合气

64. 在讨论 ECT 传感器(水温传感器)故障诊断时,技师甲说有故障的 ECT 传感器会使发动机低温启动困难。技师乙说有故障的 ECT 传感器会引起排放不正常。试问谁正确?(　　)

A. 甲正确　　B. 乙正确　　C. 两人都正确　　D. 两人都不正确

65. 如果曲轴位置传感器工作正常,数字电压表连接到该传感器的输出端,当发动机启动时,该表将(　　)。

A. 在低和高的读数之间变动　　B. 显示恒定的低电压

C. 显示恒定的高电压　　D. 都不是

66. 关于磁感应式曲轴/凸轮轴位置传感器的检测方法,下列正确的是(　　)。

A. 可用欧姆表检测　　B. 不能用欧姆表检测

C. 可用示波器检测　　D. A 和 C

67. 在讨论霍尔效应转换器时,技师甲说霍尔效应转换器产生一个模拟电压信号。技师乙说当转动的金属叶片进入霍尔效应转换器时,其信号电压从 12 V 变为 0 V。试问谁正确?(　　)

A. 甲正确　　B. 乙正确　　C. 两人都正确　　D. 两人都不正确

68. 学生甲说离心式点火提前调节装置能够在发动机负荷增大时调节点火提前角增大。学生乙说真空式点火提前装置的信号源来自发动机的进气管。试问谁正确?(　　)

A. 学生甲正确　　B. 学生乙正确

C. 学生甲和学生乙都正确　　D. 学生甲和学生乙都不正确

69. 在大修发动机后,应在(　　)调整点火提前角。

A. 发动机到达工作温度后　　B. 车辆路试后

C. 热怠速磨合一段时间后　　D. 启动发动机前

70. 下列说法正确的是(　　)。

A. 在怠速稳定修正中,ECU 根据目标转速修正点火提前角

B. 辛烷值较低的汽油,抗爆性差,点火提前角应减小

C. 初级电路被断开的瞬间,初级电流所能达到的值与初级电路接通时间长短无关

D. 随着发动机的转速提高和电源电压下降,闭合角增大

71. 在微机控制的点火系统中,基本点火提前角是由哪两个数据所确定的?(　　)

A. 转速和负荷　　B. 负荷和水温

C. 压缩比和汽油辛烷值　　D. 排量和大气压力

72. 在讨论点火闭合时间时,技师甲说初级电流必须维持足够的时间才能再达到饱和。技师乙说高能点火(IIEI)模块能提供随发动机转速变化的闭合时间。试问谁正确?(　　)

A. 甲正确　　B. 乙正确　　C. 两人都正确　　D. 两人都不正确

73. 以下原因除(　　)外都可能使汽油发动机发生爆燃。

A. 空气与燃油混合气过稀　　B. 发动机运行温度过低

C. 汽缸积炭太多　　D. 使用了低的辛烷值

74. 在讨论初级和次级点火电路时,技师甲说点火模块是次级点火电路的一部分。技师乙说火花塞在次级点火电路中。试问谁正确?(　　)

A. 甲正确　　B. 乙正确　　C. 两人都正确　　D. 两人都不正确

75. 在讨论一个无分电器式电子点火系统故障时,曲轴和凸轮轴位置传感器被测试为正常,而对火花塞导线进行搭铁测试时火花塞却不点火,技师甲说可能是点火线圈组件有故障。技师乙说可能是点火线圈组件的电源导线断路。试问谁正确?(　　)

A. 甲正确　　B. 乙正确　　C. 两人都正确　　D. 两人都不正确

76. 在一个无分电器式电子点火系统故障时,曲轴和凸轮轴位置传感器被测试为正常,而对每缸进行试火时火花塞却不点火,最不可能的是(　　)。

A. 线圈组件本身故障　　B. 线圈组件的电源线断路

C. 电脑的搭线不良　　D. 电脑本身故障

77. 对无分电器式电子点火系统的维修和故障诊断,以下说法正确的是(　　)。

A. 可以转动曲轴传感器来调整点火正时

B. 可以转动曲轴传感器以调节传感器与转动叶轮之间的间隙

C. 可以通过调整正时皮带齿位来调整点火正时

D. 点火正时基准一般不可调整

78. 当在正常温度时,电控汽车发动机的怠速太高,可能是由(　　)引起的。

A. 混合气过浓　　B. 空气滤清器太脏

C. 汽油滤清器太脏　　D. 快怠速阀卡死在关闭位置

79. 温度仪表不准确,技术员甲说故障可能是仪表或发送装置故障所致。技术员乙说故障可能是仪表电压调节器故障所致。试问谁正确?(　　)

A. 甲正确　　B. 乙正确

C. 两人都正确　　D. 两人都不正确

80. 汽油机进气管回火的原因可能有(　　)。

A. 混合气太浓　　B. 混合气太稀
C. 点火提前角过大　　D. 汽缸压力不足

三、多选题(将正确答案的序号填入括号内,多选、少选均不得分)

1. 点火装置主要控制的内容包括(　　)。
A. 点火提前角　B. 点火持续时间　C. 通电时间　D. 爆震控制
2. 基本点火角是由发动机(　　)确定的。
A. 转速　B. 负荷　C. 冷却液温度　D. 型号
3. 关于爆震,以下叙述正确的是(　　)。
A. 爆震燃烧使发动机过热
B. 发动机过热容易产生爆震
C. 使用低牌号的汽油容易发生爆震
D. 爆震传感器损坏将导致发动机容易产生爆震
4. 汽车使用的触点式点火系统主要由(　　)等组成。
A. 点火线圈　B. 分电器　C. 火花塞　D. 点火开关
5. 点火系统实际点火提前角包括(　　)。
A. 基本点火提前角　B. 初始点火提前角
C. 最小点火提前角　D. 修正点火提前角
6. 引起火花塞积炭的原因有(　　)等。
A. 火花塞热值过大　B. 火花塞热值过小
C. 混合气过浓,燃烧不完全　D. 电极间隙过大
7. 霍尔式分电器总成主要由(　　)组成。
A. 霍尔式点火信号传感器　B. 配电器
C. 真空点火提前装置　D. 离心式点火提前装置
8. 发动机爆震检测方法有(　　)等。
A. 汽缸压力检测　B. 燃烧压力检测
C. 燃烧噪声检测　D. 发动机机体振动检测
9. 曲轴位置传感器是发动机电子控制系统中最主要的传感器,它向 ECU 提供(　　)。
A. 点火时刻(点火提前角)　B. 确认曲轴位置的信号
C. 活塞上止点、曲轴转角及发动机转速信号　D. 发动机工况信号
10. 如取下某缸高压线后,点火高压峰值电压低于 20 kV,说明点火能量太小,故障原因是(　　)。
A. 点火线圈不良　B. 分电器
C. 汽缸压缩不良　D. 高压线或分火头有漏电

1.1.5 CAJS405 辅助电控系统故障诊断

一、判断题

1. 排气污染物主要是指从排气管排出的 CO,HC,NO_x 等有害污染物。(　　)
2. 氧化钛型传感器是利用二氧化钛材料的电阻值随排气中氧含量的变化而变化的特性制成的。(　　)

3. 氧传感器提供的信号电压标准为0.1~0.3 V。 ( )
4. 怠速时,随着发动机温度的升高,ISCV阀的开度应减小。 ( )
5. 三元催化装置在任何工况下,都可有效降低排气中CO,HC和NO_x的含量。 ( )
6. 当氧传感器向ECU输入的是高电压信号(0.75~0.9 V)时,则说明混合气偏浓。 ( )
7. 怠速时,电器负荷增大,怠速控制阀的工作步数应增加。 ( )
8. 一个被污染的氧传感器将输出一个连续偏高的电压信号。 ( )
9. 过量空气系数$\lambda>1$时,TiO_2氧传感器的输出电压高。 ( )
10. 只有在节气门全关、车速为零时,才进行怠速控制。 ( )
11. 三元催化转换器一般为整体不可拆卸式。 ( )
12. 前氧传感器安装在排气管处,三元催化装置的前面。 ( )
13. 只有当发动机在标准的理论空燃比下运转时,三元催化转换器的转换效率才最佳。 ( )
14. 催化转换器发生破裂、失效时也会造成发动机动力性下降。 ( )
15. 在使用三元催化转换器来降低排放污染的发动机上,氧传感器是必不可少的。 ( )
16. 氧传感器失效时会导致混合气过稀,不会导致混合气过浓。 ( )
17. 非加热型的氧传感器一般为5万~8万km应更换一次。 ( )
18. 步进电机式怠速控制阀在点火开关断开后必须继续通电使其退回到初始位置。 ( )
19. 氧传感器内部有一个加热器,可使传感器的输出信号稳定。 ( )
20. 测试尾气时必须把分析仪的采样管插到三元催化转换器的上游。 ( )

二、单选题(每题只有一个正确答案,请将正确答案的序号填入括号内)

1. 氧化锆式传感器的内核是( )陶瓷体,内核表面是一层很薄的、可透气的铂。
A. 氧化锆 B. 二氧化碳 C. 二氧化铅 D. 二氧化钛
2. 后氧传感器的作用:检测( )的转化效率,满足排放法规的要求。
A. 喷油器 B. 前氧传感器 C. 三元催化器 D. 消声器
3. 氧传感器输出电压一般应为( )V。
A. 0.3~0.5 B. 0.5~0.9 C. 0.1~0.5 D. 0.1~0.9
4. 三元催化转换器的进口处的温度( )出口处的温度。
A. 高于 B. 低于 C. 等于 D. 或高或低
5. 氧传感器有故障时,会造成( )。
A. 启动困难 B. 爆震 C. 油耗增加 D. 怠速不稳
6. 若氧传感器输出电压持续偏低,可能的原因是( )。
A. 混合气浓 B. 传感器被污染
C. 输出信号导线电阻过大 D. 与ECU连接的回路不通
7. 当氧传感输入电压为0.9 V时,混合气( )。
A. 浓 B. 稀 C. 不浓不稀 D. 最经济
8. 当氧传感器输出电压小于0.45 V时,ECL会( )喷油量。

A. 减少　　B. 增加　　C. 维持固定　　D. 最经济

9. 氧传感器老化的原因是(　　)。

A. Pb 中毒　　B. P 中毒　　C. 排温过高　　D. 最经济

10. λ >1 时,氧化锆式前氧传感器的输出信号电压(　　)。

A. 高　　B. 低　　C. 恒定不变　　D. 上下乱跳

11. 下列不属于氧化锆式氧传感器工作条件的是(　　)。

A. 水温高于 60 ℃　　B. 传感器温度高于 300 ℃

C. 怠速　　D. 大负荷

12. 一位顾客将一辆汽车送去修理,因为汽车在做检查/保养排放测试中,CO 含量高,测试没通过。在测试过程中,氧传感器电压值一直都低,然而,在测试中,传感器功能却是正常的。下列哪项是最可能出现的问题?(　　)

A. 空气泵在进气处漏气　　B. 燃油泵压力高

C. 喷油器漏油　　D. 空气滤清器滤芯太脏

13. 在废气再循环系统中进入进气歧管的废气量一般应控制在(　　)。

A. 1% ~2%　　B. 2% ~5%　　C. 5% ~10%　　D. 6% ~13%

14. 采用三元催化转换器必须安装(　　)。

A. 前氧传感器　　B. 后氧传感器　　C. 前、后氧传感器　　D. 废气检测仪

15. 如果三元催化转换器良好,后氧传感器信号波动(　　)。

A. 频率高　　B. 增加　　C. 没有　　D. 缓慢

16. 发动机过热将使(　　)。

A. EGR 系统工作不良　　B. 燃油蒸发量急剧增多

C. 三元催化转换器易损坏　　D. 曲轴箱窜气增加

17. 谐波进气增压系统的功能就是根据(　　)的变化,改变进气管内压力波的传播距离,以提高充气效率,改善发动机性能。

A. 水温　　B. 发动机转速　　C. 进气温度　　D. 大气压

18. 氧化钛氧传感器工作时,当废气中的氧浓度高时,二氧化钛的电阻值(　　)。

A. 增大　　B. 减小　　C. 不变　　D. 为零

19. 当冷却液温度低于(　　)℃时,冷却风扇不工作。

A. 100　　B. 80　　C. 98　　D. 103

20. 技术员甲说调节发动机怠速的方法是调节发动机上的怠速调节螺钉或怠速电磁阀以调节节气门的关闭程度。技术员乙说发动机怠速改变后,节气门怠速开度传感器必须加以调整。试问谁正确?(　　)

A. 甲正确　　B. 乙正确　　C. 两人都正确　　D. 两人都不正确

21. 技术员甲说有真空泄漏对车辆影响很小,因为它不需要依靠真空度信号来计量燃油量。技术员乙说真空泄漏对真空控制的排放控制装置有极大影响。试问谁正确?(　　)

A. 甲正确　　B. 乙正确　　C. 两人都正确　　D. 两人都不正确

22. 在用废气分析仪测试车辆废气时,技术员甲说当混合气较浓时,O_2 读数会偏低。技术员乙说混合气较浓时,CO 读数较高。试问谁正确?(　　)

A. 甲正确　　B. 乙正确　　C. 两人都正确　　D. 两人都不正确

23. 有一辆车据反映有怠速不稳定故障,用废气分析仪检查得出在怠速时,出现混合气可能过稀的状态,并且 HC 和 O_2 排放含量高,加大丙烷的浓度不能改善这种情况。在 2 500 r/min 时,废气分析仪的读数才有改善。最可能的原因是(　　)。

A. 在油路中有空气　　B. 汽缸垫泄漏

C. 进气门导管磨损　　D. 凸轮轴凸尖磨损

24. 现代汽车一般采用炭罐净化技术,其功能主要是(　　)。

A. 提高经济性　　B. 减少 NO_x 的排放

C. 减少 CO,CO_2 的排放　　D. 减少 HC 的排放

25. 混合气过浓时,氧化锆式氧传感器的输出电压是(　　)。

A. 0 V　　B. 约 0.1 V　　C. 0.5 V　　D. 0.9 ~ 1 V

26. 关于电控燃油喷射系统中的氧传感器,下列说法正确的是(　　)。

A. 氧传感器安装在缸体上　　B. 氧传感器用来检测排气中的氧含量

C. 氧传感器用来检测进气中的氧含量　　D. 氧传感器安装在进气管上

27. 步进电动机的工作范围为(　　)个步进级。

A. 0 ~ 150　　B. 0 ~ 215　　C. 0 ~ 175　　D. 0 ~ 125

28. 电控汽油喷射发动机步进电机的作用是(　　)。

A. 冷启动　　B. 测量进气量

C. 主动调整怠速　　D. 海拔高度补偿

29. 占空比是脉冲控制信号一个周期内(　　)信号所占的百分比。

A. 接通　　B. 断开　　C. 两者都行　　D. 两者都不行

30. 发动机 VTEC 机构同一缸内有(　　)个进气门。

A. 2　　B. 3　　C. 4　　D. 5

31. 在讨论汽车污染物时,技师甲说 NO_x 排放物是由于浓空燃比造成的。技师乙说 NO_x 排放物是由燃烧室高温造成的。试问谁正确?(　　)

A. 甲正确　　B. 乙正确　　C. 两人都正确　　D. 两人都不正确

32. 在讨论汽车污染物时,技师甲说 CO 是燃烧的副产品。技师乙说 CO_2 是燃烧的副产品。试问谁正确?(　　)

A. 甲正确　　B. 乙正确　　C. 两人都正确　　D. 两人都不正确

33. 当 ECU 根据发动机工作温度、转速、负荷等信号,控制(　　)的工作,以降低蒸发污染。

A. 活性炭罐电磁阀　　B. 二次空气喷射

C. 开环与闭环　　D. 可变配气正时系统

34. 以下关于燃油蒸发控制系统功能的叙述,不正确的是(　　)。

A. 从燃油箱蒸发的燃油蒸汽,被排出到活性炭罐

B. 当发动机在高速运转时燃油蒸汽排出到大气中

C. 当发动机运转时燃油蒸汽从炭罐吸到进气歧管

D. 蒸汽中的液体燃油被送回油箱

35. 三元催化反应器是使(　　)还原,实现催化剂转化效果。

A. CO,HC,NO_x　　B. HC,SO_2,CO_2

C. NO_x、碳烟　　D. CO_2,NO,HC

36. 氧化锆只有在(　　)以上的温度时才能正常工作。

A. 90 ℃　　B. 40 ℃　　C. 815 ℃　　D. 400 ℃

37. 氧传感器是以测量排气中的(　　)的含量,向 ECU 传递混合气浓度信号。

A. 氧气　　B. NO_x　　C. CO　　D. HC

38. 为了对空燃比进行精确的控制,必须借助于安装在排气管内的(　　)反馈信号对理论空燃比进行反馈控制。

A. 氢传感器　　B. 氧传感器　　C. 空气传感器　　D. 温度传感器

39. 怠速电控阀除(　　)外不起作用。

A. 暖机　　B. 发动机低温启动

C. 怠速时使用电器负荷增大　　D. 发动机高转速

40. 旁通空气式怠速控制是通过调节(　　)来控制空气流量的方法实现的。

A. 旁通气道的空气通路面积　　B. 主气道的空气通路面积

C. 主气道或旁通气道的空气通路面积　　D. 节气门开度

41. 动力阀控制系统的功能是控制发动机进气道的(　　),以适应发动机不同转速和负荷时的进气量需求,从而改善发动机的动力性。

A. 长短　　B. 空气流速

C. 空气流通截面大小　　D. 进气门开度

42. 汽油喷射发动机的怠速通常是由(　　)控制的。

A. 自动阻风门　　B. 怠速调整螺钉　　C. 步进电机　　D. 继电器

43. 点火开关 OFF 时,步进电机应为(　　)。

A. 全开　　B. 1/2 开度　　C. 全闭　　D. 1/4 开度

44. 当冷却水温达到(　　)时,步进电机式怠速控制执行机构的暖机控制结束,怠速控制阀达到正常怠速开度。

A. 50 ℃　　B. 60 ℃　　C. 70 ℃　　D. 80 ℃

45. 欧诺车发动机 VTEC 机构有(　　)个进气摇臂。

A. 2　　B. 3　　C. 4　　D. 5

46. 欧诺车发动机 VTEC 机构有(　　)个进气控制凸轮。

A. 2　　B. 3　　C. 4　　D. 5

47. 光化学烟雾是对人类和自然界生物极有害的物质,它主要是由汽车排放的(　　)在强烈阳光的紫外线照射下形成的。

A. NO_x 和 CO　　B. NO_x 和 HC　　C. SO_2 和炭烟　　D. CO_2 和 HC

48. 在讨论蒸发排放控制系统(EVAP)时,技师甲说在 PCM 模块操纵炭罐 EGR 电磁阀之前,冷却液温度必须高于某一设定值。技师乙说在 PCM 模块操纵炭罐 EGR 电磁阀之前,车速必须高于某一设定值。试问谁正确?(　　)

A. 甲正确　　B. 乙正确　　C. 两人都正确　　D. 两人都不正确

49. 采用 VTEC 阀可变配气相位的发动机中 3 个凸轮,(　　)的升程最大。

A. 主凸轮　　B. 从凸轮　　C. 中间凸轮　　D. 次凸轮

50. 采用 VVT 控制系统的功能是根据发动机运行工况的变化,通过使进气凸轮轴相对曲轴转动实现对进气相位的控制,通过变换驱动进气门的凸轮来改变(　　)。

A. 气门升程　B. 排气门关闭时间

C. 进气门开启时间　D. 气门重叠角

51. 在讨论万用表时,技师甲说指针式万用表可以用来检测氧传感器电压。技师乙说高阻抗数字式万用表可以用来检测氧传感器电压。试问谁正确?(　　)

A. 甲正确　B. 乙正确　C. 两人都正确　D. 两人都不正确

52. 在 30 ℃气温时,汽油发动机正常工作,排气管排烟颜色应为(　　)。

A. 黑色　B. 蓝色　C. 白色　D. 无色

53. 当汽油发动机油窜入汽缸产生异常燃烧时,排气管排烟颜色为(　　)。

A. 黑色　B. 蓝色　C. 白色　D. 无色

54. 若汽油发动机混合气过浓,燃烧后,排气管排烟颜色应为(　　)。

A. 黑色　B. 蓝色　C. 白色　D. 无色

55. 对汽油发动机,若汽油中含有水分,燃烧后,排气管中排烟颜色应为(　　)。

A. 黑色　B. 蓝色　C. 白色　D. 无色

56. 下列工况中,不是采用开环控制的是(　　)。

A. 怠速运转时　B. 发动机启动时

C. 节气门全开或大负荷时　D. 氧传感器起效应时

57. 闭环控制系统将输出信号通过反馈环节在(　　)信号进行比较,从而修正输出信号的控制系统称为闭环控制。

A. 输入与输入　B. 输入与输出　C. 输出与输出　D. 任意

58. 闭环控制系统控制的理论空燃比为(　　)。

A. 14.7　B. 15　C. 20　D. 15.7

59. 在讨论发动机尾气时,以下分析不正确的是(　　)。

A. NO_x 是燃烧过程中的一种废气　B. 当混合气体过稀时,CO 排放变多

C. 当混合气体过稀时,CO_2 变少　D. 当混合气体过稀时,O_2 减少

60. 发动机大负荷时,(　　)空燃比反馈控制状态。

A. 进入　B. 不进入　C. 两者都行　D. 两者都不行

61. 废气涡轮增压器是靠(　　)的能量来驱动的。

A. 空气　B. 大气压　C. 废气的高温　D. 废气排出

62. 氧传感器电压偏低,表示空燃比偏稀,而且喷油器脉冲宽度高于指定值。技师甲说 PCM 可能有故障。技师乙说在进气歧管内可能有真空泄漏。试问谁正确?(　　)

A. 甲正确　B. 乙正确　C. 两人都正确　D. 两人都不正确

63. 在讨论混合气空燃比偏浓的原因时,技师甲说燃油泵压力偏低时可能导致空燃比偏浓。技师乙说冷却液温度传感器故障可能导致空燃比偏浓。试问谁正确?(　　)

A. 甲正确　B. 乙正确　C. 两人都正确　D. 两人都不正确

64. 发动机停机前应怠速运转一段时间的作用是(　　)。

A. 减少冲击　B. 使摩擦副降温

C. 调节进气均匀,利于启动　D. 调节燃油压力,利于再启动

65. 下列不是怠速稳定修正控制信号的是(　　)。

A. 车速传感器　　B. 空调开关信号
C. 冷却水温度信号　　D. 节气门位置传感器信号

66. 在暖机过程中，ECU 根据(　　)按内存的控制性控制控制阀的开度。
A. 进气温度　　B. 节气门开度　　C. 冷却液温度　　D. 凸轮轴位置

67. 下列不可用来提高发动机的充气系数的是(　　)。
A. 增加进气终了的压力　　B. 增大进气的温度
C. 改善配气相位　　D. 采用增压技术

68. 采用废气涡轮增压，随着发动机转速降低，废气涡轮增压器的增压压力会(　　)。
A. 降低　　B. 升高　　C. 持续不变　　D. 不起作用

69. 电控发动机有轻微的怠速不稳，加速时经常熄火。当将 EGR 真空电磁阀与 EGR 之间的真空软管断开时，汽车就正常运行。下列哪项是最可能的原因？(　　)
A. EGR 真空电磁阀可能卡在关闭状态
B. EGR 阀的膜片复位弹簧弹力不足或损坏
C. EGR 真空电磁阀可能关闭不严
D. EGR 软管破裂

70. 在讨论开环控制和闭环控制时，技师甲说计算机进入闭环控制前发动机冷却液温度必须达到某一特定值而且氧传感器信号必须正常。技师乙说如果节气门全开则计算机始终在闭环控制模式。试问谁正确？(　　)
A. 甲正确　　B. 乙正确　　C. 两人都正确　　D. 两人都不正确

71. 下列哪项输入信号告诉计算机废气的成分？(　　)
A. MAP 传感器　　B. 挡位开关　　C. 氧传感器　　D. 节气门传感器

72. 在讨论排放控制和催化转化器时，技师甲说不管空燃比是多少，三元催化转化器都能控制 HC 和 HO_x 的排放量。技师乙说空燃比必须控制在 14.7∶1附近，才能使三元催化转化器有效地控制 CO，HC 和 NO_x 的排放量。试问谁正确？(　　)
A. 甲正确　　B. 乙正确　　C. 两人都正确　　D. 两人都不正确

73. 在讨论开环控制和闭环控制时，技师甲说发动机达到正常运行温度而氧传感器信号出故障时，计算机只能进入开环控制。技师乙说发动机在正常运行温度下长期怠速运行时，计算机进入开环运行。试问谁正确？(　　)
A. 甲正确　　B. 乙正确　　C. 两人都正确　　D. 两人都不正确

74. 测试氧化锆型氧传感器时，下列说法正确的是(　　)。
A. 用电阻表测试传感器的阻值
B. 改变混合气浓度并监测氧传感器产生的电压
C. 传感器一旦发生故障，发动机故障灯立即就点亮
D. 发动机启动时氧传感器的电压是 0.9 V

75. 氧传感器电压偏低，表示空燃比偏稀，而且喷油器脉冲宽度高于标准值。下列哪项是最可能的原因？(　　)
A. 喷油器故障　　B. 进气歧管内可能有真空泄漏
C. 油压调节器故障　　D. EGR 故障

76. 电喷发动机的混合气过浓，有示波器检测到喷油脉冲过长，但数据流中氧传感器显示

过稀,可能的故障部位是(　　)。

A. 氧传感器或连线　　B. 冷却水温度传感器或连线

C. 怠速空气阀或连线　　D. 液力变矩器电磁阀

77. 汽油蒸汽排放 EVAP 控制系统检修时从活性炭罐上拆下真空控制阀,用手动真空泵由真空管接头给真空控制阀施加约 5 kPa 的真空度时,从活性炭罐侧孔吹入空气应(　　)。

A. 不通　　B. 蒸汽增加　　C. 畅通　　D. 蒸汽减少

78. 行驶时(　　)排放量最多,(　　)排放量最少。

A. NO_x,HC　　B. NO_x,CO　　C. HC,CO　　D. CO,HC

79. 减速时(　　)排放量最少,(　　)排放量显著增加。

A. NO_x,HC　　B. NO_x,CO　　C. HC,CO　　D. CO,HC

80. 发动机在正常工作温度下,若将转速提高到 2 500 r/min 左右,折弯真空软管后并从 EGR 阀上拆下软管,发动机转速应有明显的(　　)。

A. 减少　　B. 不变　　C. 抖动　　D. 提高

三、多选题(将正确答案的序号填入括号内,多选、少选均不得分)

1. 电控汽油机怠速不稳时,要检查的有(　　)。

A. 喷油器堵塞

B. 怠速控制阀与怠速空气旁通道是否畅通

C. 废气分析

D. 某缸点火异常

2. 步进电机控制怠速时,首先根据(　　)信号来判断发动机处于怠速状态。

A. 水温　　B. 节气门全关信号　　C. 车速　　D. 点火

3. 如果怠速转速过高,可能产生故障的原因是(　　)。

A. 进气系统有泄漏

B. 节气门控制部件与发动机 ECU 没有匹配

C. 节气门控制部件损坏

D. 活性炭罐电磁阀常开

4. 排气管放炮的故障原因有(　　)。

A. 点火时间过迟　　B. 喷油器漏油

C. 汽油压力调节器不良(喷油压力过高)　　D. 点火系统缺火或火花弱

E. 排气门漏气

5. 下列(　　)会导致怠速上下波动的故障。

A. 节气门位置传感器故障

B. 喷油器雾化不良或堵塞

C. 冷却液温度传感器信号不正确

D. 氧传感器失效或反馈控制电路有故障

6. 如果怠速转速过低,可能产生故障的原因是(　　)。

A. 发动机负荷太大

B. 节气门控制部件与发动机 ECU 没有匹配

C. 节气门控制部件损坏

D. 进气系统有泄漏

7. 氧化锆式氧传感器常见故障有(　　)。

A. 传感器内部线路断路或松脱　　B. 铅中毒

C. 老化　　D. 积炭

8. 目前使用的氧传感器有(　　)。

A. 氧化锆式　　B. 氧化钛式　　C. 宽带型　　D. 空燃比式

9. 发动机暖机过程中需要一定的附加加浓,具体加浓量主要取决于(　　)。

A. 发动机温度　　B. 发动机负荷　　C. 发动机排量　　D. 发动机转速

10. 三元催化转换器正常起作用是减少(　　)的排放。

A. CO　　B. CO_2　　C. HC　　D. 碳烟

1.1.6　CAJS406 电控机械式自动变速器故障诊断

一、判断题

1. 装配自动变速器各部件前,应用206 kPa干燥洁净的压缩空气对各油孔依次吹入压缩空气进行检验。(　　)

2. 液力耦合器和液力变矩器均属静液传动装置。(　　)

3. 液力变矩器在一定范围内,能自动、无级地改变传动比和转矩比。(　　)

4. 根据换挡工况的需要,自动变速器中的单向离合器由液压系统控制其分离或锁止。(　　)

5. 自动变速器的离合器的自由间隙是利用增减离合器摩擦盘片或钢片的片数进行调整的。(　　)

6. 在自动变速器的油泵中,工作时产生油液是与输出油压有关的。(　　)

7. 自动变速器的内啮合式轮泵,是靠液力变矩器的输出轴驱动的。(　　)

8. 液力耦合器在正常工作时,泵轮转速总是小于涡轮转速。(　　)

9. 只有当泵轮与涡轮的转速相等时,液力耦合器才能起传动作用。(　　)

10. 对于同一台液力耦合器来说,发动机的转速越高,作用于涡轮上的力矩越大。(　　)

11. 液力耦合器既可以传递转矩,也可以改变转矩。(　　)

12. AT内啮合式齿轮泵的排量,取决于齿轮的齿形以及内外齿轮的偏心距大小。(　　)

13. 自动变速器中,变速机构的换挡离合器是装于转轴上的。(　　)

14. 自动变速器中,换挡离合器的油道装于壳体上。(　　)

15. 汽车在运行中,液力耦合器可以使发动机与传动系彻底分离。(　　)

16. 液力变速器的变矩作用主要是通过导轮实现的。(　　)

17. 一般来说,综合式液力变矩器比普通液力变矩器的传动效率低。(　　)

18. 四元件综合式液力变矩器的特性是两个变矩器特性与一个耦合器特性的综合。(　　)

19. 所谓液力变矩器的“锁止”,其含义是把其内的导轮锁止不动,以提高传动效率。(　　)

20. 当行星齿轮机构中的太阳齿轮、齿圈或行星架都不被锁止时,则会形成空挡。(　　)

21. 自动变速器的油泵由液力变矩器的泵轮驱动。(　　)

22. 汽车上设置变速器是为了改变发动机扭矩,增加发动机功率。 ( )

23. 使用自动变速器最大的优点是可以在一定范围内实现自动换挡,大大降低了驾驶员的劳动强度。 ( )

24. 检查自动变速器油面高度时,发动机处于熄火状态。 ( )

25. 采用辛普森式行星齿系的自动变速器,其结构特点是前后行星架组成一体。 ( )

26. 电控自动变速器的换挡电磁阀直接由阀体搭铁,ECU 控制其工作电源。 ( )

27. 自动变速器的“发动机制动运行”是指发动机成为负载的一种运行方式。 ( )

28. 节气门拉线将发动机的负荷信号传给变速器的液压控制系统。 ( )

29. 读取自动变速器的故障代码,维修人员一定能判断出故障原因所在。 ( )

30. P 挡停车时使用,防止车辆滑溜。在 P 挡不允许启动发动机。 ( )

31. 液力耦合器本身不能无级变速,也不起变矩作用。 ( )

32. 液力变矩器能在一定范围内自动地、无级地改变转矩比,以适应汽车行驶阻力的变化。 ( )

33. 变矩器内的单向离合器的作用是汽车倒车时保护变矩器不受损伤。 ( )

34. 液力变矩器由于导轮的作用,在涡轮转速低的工况下可以增大输出扭矩。 ( )

35. 自动变速器的行星齿轮传动机构,只有当中心轮、行星架和齿圈三元件中的一个固定、一个为主动,另一个为从动时,才能实现变速传动。 ( )

36. R 挡是倒挡,可以启动发动机,但一般情况不允许。 ( )

37. D 挡可以在所有前进挡传动比中选择挡位。 ( )

38. 电控自动变速电控系统的主要执行器是电磁阀和电动机。 ( )

39. 目前的自动变速器在液力变矩器和发动机之间装有锁止系统,这两个零件锁止的效果类似于直接传动。 ( )

40. 自动变速器都是自动无级变速的。 ( )

41. 自动变速器的滑行方式最适用于长下坡的道路使用。 ( )

42. 在“L”挡时,自动变速器的运作既有滑行方式也有发动机制动方式。 ( )

43. 在 D1、D2 挡工作时,自动变速器自动采用发动机制动运行方式。 ( )

44. 自动变速器油尺上刻有分别针对冷态、温态和热态的油液满量程高度标记。 ( )

45. 变矩器中单向离合器的作用是单向锁住导轮,使变矩器既能变矩,又能起到耦合器的功能。 ( )

46. 锁止离合器的作用是在汽车低速行驶时,将液力传动变为直接传动,减少传动损失。 ( )

47. 液力机械变速器行星齿轮变速机构中,共用一个太阳轮的形式称为辛普森式结构。 ( )

48. 变矩器中锁止离合器,当汽车在良好路面上行驶时,锁止离合器接合,使变矩器的输入轴和输出轴成为刚性连接,即转为机械传动。 ( )

49. 液力变矩器锁止离合器的作用,是按增矩工况需要控制导轮锁止不动。 ( )

50. 液力变矩器的导轮是通过单向离合器安装在涡轮轴上。 ( )

51. 与手动变速器相比,自动变速器具有操作简便、乘坐舒适等优点。 ( )

52. 与手动变速器相比,装有自动变速器的汽车的燃油经济性好。 ( )

53. 装有自动变速器的汽车行驶中可将操纵手柄挂入 N 挡位高速滑行来节油。 ( )
54. 采用拉维娜式行星齿系的自动变速器,D1 挡只有单行星排运作。 ( )
55. 采用辛普森式行星齿系的自动变速器,共用太阳齿轮,实现 D1 挡需双行星排运作。 ( )
56. 只有在车辆完全停稳后才可将自动变速器的操纵杆推入 P 位。 ( )
57. 当发动机故障不能工作需将车辆拖回时,应将驱动轮架起或拆除传动轴。 ( )
58. 自动变速器中的油泵是由电机驱动的。 ( )
59. 所有的自动变速器的变速机构都采用行星齿轮机构。 ( )
60. 自动变速器和手动变速器的润滑油是通用的。 ( )
61. 液压控制系统中设置散热器的目的是防止自动变速器因齿轮机构工作时摩擦严重,发热导致变速器损坏。 ( )
62. 装配离合器或制动器的质量标志之一,是检测其自由间隙量是否符合在规定范围。 ( )
63. 在自动变速器内,制动带的转鼓一定是与行星齿系中某一个元件成刚性连接的。 ( )
64. 为了利用发动机制动,在汽车高速行驶时,可将操纵杆迅速由 D 位推入强制低挡位。 ( )
65. 流体在管道中的流速规律是管道狭窄处流速越大,流体的压力越小。 ( )
66. 行星齿轮的自转是指在差速器内行星齿轮绕半轴轴线的转动。 ( )
67. 自动变速器中的液力变矩器由涡轮和导轮两部分组成。 ( )
68. 自动变速器中的行星齿轮变速装置由中心轮和行星轮组成。 ( )
69. 差速器只用丁后轮驱动的变速器。 ( )
70. 单向离合器利用变速器油使一个部件沿着一个方向旋转,而沿着另一个方向旋转时则将部件锁定。 ( )

二、单选题(每题只有一个正确答案,请将正确答案的序号填入括号内)

1. 大部分自动变速器 N—D 换挡延时时间小于( )s。
   A. 0.6 ~ 0.8 B. 1.0 ~ 1.2 C. 1.2 ~ 1.5 D. 1.5 ~ 2.0
2. 电控自动变速器脉冲线性电磁阀电阻一般为( )Ω。
   A. 10 ~ 15 B. 15 ~ 20 C. 8 ~ 10 D. 2 ~ 6
3. 变速器增加了超速挡可以( )。
   A. 提高发动机转速 B. 降低发动机负荷 C. 提高动力性 D. 提高经济性
4. 自动变速器的油泵,一般由( )驱动。
   A. 变矩器外壳 B. 泵轮 C. 变速器外壳 D. 导轮
5. 自动变速器的控制系统中,多片式离合器的作用是( )。
   A. 限制输入轴与输出轴不产生过大的速差 B. 固定行星齿轮机构的某个元件
   C. 驱动行星齿轮机构的某元件旋转 D. 控制换挡不造成过大的冲击
6. 在自动变速器的液力变矩器中,当导轮单向离合器损坏被卡滞时,将会造成汽车( )结果。
   A. 低速性能优良而高速时性能不良 B. 起步十分困难

C. 高速换挡困难　　D. 低速时性能不良而高速时性能优良

7. 自动变速器的制动器用于(　　)。

A. 行车制动　　B. 驻车制动

C. 发动机制动　　D. 其运动零件与壳体相连

8. (　　)是一个通过选挡杆联动装置操纵的滑阀。

A. 速度控制阀　　B. 节气门阀

C. 手动控制阀　　D. 强制低挡阀

9. 一般自动变速器离合器的自由间隙为(　　)mm。

A. 0.5 ~ 1.0　　B. 0.5 ~ 2.0　　C. 2.0 ~ 2.5　　D. 2.5 ~ 3.0

10. 电控自动变速器脉冲线性电磁阀电阻一般为(　　)Ω。

A. 10 ~ 15　　B. 15 ~ 20　　C. 8 ~ 10　　D. 2 ~ 6

11. 自动变速器中的(　　)是用来连接或脱开输入轴、中间轴、输出轴和行星齿轮机构,实现转矩的传递。

A. 多片离合器　　B. 湿式多片制动器　　C. 单向离合器　　D. 电磁阀

12. 自动变速器中行星齿轮机构的动力是由(　　)输入。

A. 飞轮　　B. 泵轮　　C. 涡轮　　D. 导轮

13. 电控自动变速器的电脑控制(　　)。

A. 换挡阀　　B. 电磁阀　　C. 手动阀　　D. 节气门阀

14. 下列 4 个字母中,(　　)在自动变速器上表示行驶挡。

A. P　　B. N　　C. R　　D. D

15. 自动变速器液压控制系统中改善换挡品质的有(　　)。

A. 换挡阀　　B. 节流阀　　C. 调速阀　　D. 节气门阀

16. 行星齿轮变速传动元件中不包括(　　)。

A. 行星齿轮　　B. 行星齿轮架　　C. 太阳轮　　D. 齿圈

17. 在所有液力机械变速器液压系统中都存在 3 种基本控制油压,即主油路油压、节气门阀油压和(　　)。

A. 速度阀油压　　B. 手动阀油压　　C. 换挡阀油压　　D. 缓冲控制阀油压

18. 电控液力机械变速器的换挡控制中,以换挡电磁阀取代了液压控制中换挡信号(　　)的功用。

A. 节气门阀和速度阀　　B. 调压阀和缓冲阀

C. 锁止阀和换挡阀　　D. 手动阀和降挡阀

19. 当代轿车上配置的无级变速器是通过(　　)来改变速比的。

A. 两轴式变速机构　　B. 三轴式变速机构

C. 一对锥齿轮传动　　D. 可变带轮旋转直径

20. 变矩器的传递效率(　　)。

A. 等于 1　　B. 大于 1　　C. 小于等于 1　　D. 以上都正确

21. 自动变速器中的油泵是由(　　)驱动的。

A. 电机　　B. 液压

C. 发动机通过变矩器泵轮　　D. 输出轴

22. 车用自动变速器主要是依据(　　)两个信号来自动变换各前进挡。

A. 车速和节气门开度　　B. 机油压力和冷却液温度

C. 发动机转速和机油温度　　D. 车轮转速传感器

23. 下列换挡执行元件中,(　　)的工作是自动的。

A. 离合器　　B. 制动器　　C. 单向离合器　　D. 接合套

24. 一般情况下,自动变速器油(ATF)的更换里程一般为 2 年或(　　)km。

A. 2 000　　B. 60 000　　C. 10 000　　D. 4 000

25. 遇到冰雪道路,应将自动变速器的操纵杆置于(　　)。

A. P 位　　B. D 位　　C. 强制低挡位　　D. N 位

26. 自动变速器车辆在某些挡位上,没有发动机制动功能。其原因是(　　)。

A. 采用制动器作换挡执行元件　　B. 采用离合器作换挡执行元件

C. 采用单向离合器作换挡执行元件　　D. 采用同步器作换挡执行元件

27. 汽车起步加速时,适当提前加挡可(　　)。

A. 提高车辆的经济性　　B. 提高车辆的动力性

C. 提高车辆的加速能力　　D. 提高车辆的爬坡能力

28. 装用自动变速器的汽车,起步时变速器操纵杆可置于(　　)。

A. P 位　　B. D 位或 S 位或 L 位　　C. N 位　　D. 任意位

29. 单行星排传动中,(　　)为固定元件时,将成为倒挡输出。

A. 太阳轮　　B. 行星架　　C. 齿圈　　D. 行星轮

30. 在液力机械变速器中,(　　)没有改善换挡品质的功用。

A. 缓冲阀　　B. 节流孔　　C. 限流阀　　D. 速度阀

31. 自动变速器操纵手柄禁止在 N 位空挡高速滑行来节油的主要原因是(　　)。

A. 车辆稳定性差　　B. 换挡执行元件和齿轮机构易磨损

C. 不能节油　　D. 没有发动机制动功能

32. 在行星齿轮机构中,太阳轮(　　)和行星架称为行星齿轮机构的 3 个基本元件。

A. 齿套　　B. 固定套　　C. 齿毂　　D. 齿圈

33. 从三元件液力变扭器的外特性曲线可以看出随着涡轮转速的提高,其力矩逐渐减少,当涡轮转速等于零时,涡轮力矩(　　),效率为零。

A. 最大　　B. 最小　　C. 零　　D. 中偏大

34. 液力机械变速器的工作油正常温度应为(　　),最高不应超过 120 ℃。

A. 90 ~ 130 ℃　　B. 70 ~ 110 ℃　　C. 90 ~ 120 ℃　　D. 80 ~ 110 ℃

35. 汽车在正常行驶时离合器入变扭器油压正常,但下坡或滑行时油压消失,此故障是由(　　)失效引起的。

A. 低压液压泵　　B. 超越离合器　　C. 变速器　　D. 离合器

36. 带有(　　)工况的变矩器称之为综合液力变矩器。

A. 变矩器　　B. 耦合器　　C. 增矩器　　D. 增速器

37. 一辆欧力威(IMT)出现不能挂挡,通过诊断仪进行自学习,发现不能完成离合器半结合点自学习,变速箱自学习正常,最不可能出现的故障点是(　　)。

A. 选挡维修传感器故障　　B. 分离轴承故障

C. 离合器位置传感器故障　　D. 输入轴转速传感器故障

38. 一排行星齿轮组中,下列叙述正确的是(　　)。

A. 行星架输入,太阳轮固定,行星架输出方向相同,转速加快

B. 太阳轮输入,环齿固定,行星架输出方向相同,转速加快

C. 环齿输入,太阳轮固定,行星架输出方向相反,转速加快

D. 太阳轮输入,行星架固定,环齿输出方向相反,转速减慢

39. A/T 的 Power 和 Normal 键的功能是(　　)。

A. Power 指增加发动机动力　　B. Normal 指增加发动机动力

C. Power 更省油　　D. Normal 更省油

40. 在单排行星齿轮机构中,如约束太阳轮,齿圈为主动元件,行星架为从动元件,那么两者旋转方向(　　)。

A. 一致　　B. 相反　　C. 交叉　　D. 顺时针　　E. 逆时针

41. 发生换挡循环,是液压自动换挡的一个主要缺点,其危害性是随着它的循环频率增加而(　　)。

A. 减小　　B. 增加　　C. 不变　　D. 略减

42. 汽车急加速超车时,可采用降挡的方式是(　　)。

A. 提高车辆的动力性　　B. 提高车辆的经济性

C. 提高车辆的加速能力　　D. 提高车辆爬坡能力

43. 液力变扭器的作用是传递并增大发动机的(　　)。

A. 转速　　B. 功率　　C. 传动比　　D. 扭矩

44. 锁止继动阀是用以控制进入(　　)锁止离合器的工作油液的流量。

A. 前进挡　　B. 液力变扭器　　C. 直接挡　　D. 超速挡

45. 大多数变速器可以通过(　　)来识别。

A. 变速器的识别码　　B. 发动机盖下车辆信息代码牌

C. 以上都正确　　D. 以上都不正确

46. 液力变扭器是(　　)。

A. 功能与手动变速器车辆的离合器类似　　B. 依靠液体压力连接发动机与变速器

C. 驱动变速器输入轴　　D. 以上都正确

47. 下列关于液力变扭器的说法,不正确的是(　　)。

A. 可增大扭矩,提高传动比　　B. 提高车辆的加速性能

C. 降低变速时传动系统的冲击　　D. 对发动机曲轴的扭振具有隔振作用

48. 自动变速器挡位手柄在 D 位置作失速试验时,转速高于规定值,其原因之一是(　　)。

A. 主油道油压太高　　B. 直接挡离合器打滑

C. 第二挡单向离合器工作异常　　D. 第一挡和倒挡制动器打滑

49. 对自动变速器,以下说法不正确的是(　　)。

A. 自动变速器中的液力变矩器可以放大发动机的输出扭矩

B. 自动变速器中的行星齿轮变速装置可起倒车的作用

C. 自动变速器实际上是无级变速器

D. 自动变速器实际上不是无级变速器

50. 液力变矩器中的泵轮与(　　)部件刚性连接。

A. 涡轮　　B. 导轮　　C. 行星齿轮　　D. 飞轮

51. (　　)字母表示自动变速器的空挡。

A. L　　B. D　　C. N　　D. R

52. 变速器是用来(　　)。

A. 让发动机匀速运转

B. 增加扭矩,并将扭矩以高速传送到驱动轮上

C. 将发动机输出的动力传输到驱动轮上

D. 改变发动机的转动方向

53. 自动变速器根据(　　)换挡。

A. 直接的驱动输入　　B. 车速

C. 发动机的负荷　　D. 以上都正确

54. 导轮重新引导液体冲击泵轮叶片的背部的目的是(　　)。

A. 液力偶合　　B. 增大扭矩

C. 降低涡轮转递　　D. 以上都不正确

55. 变扭器离合器是用来(　　)。

A. 使变速器油上升到工作温度　　B. 提高车辆低速时的驱动能力

C. 减少发动机与变速器之间的功率损失　　D. 将导轮与泵轮壳体锁定

56. 锁定式离合器使用离合器板是(　　)。

A. 将导轮与泵轮锁定在一起　　B. 将涡轮与变速器输入轴锁定

C. 将涡轮与变扭器壳体锁定　　D. 将涡轮与导轮锁定

57. 前轮驱动变速器的最终传动机构(　　)。

A. 总是外部安装　　B. 将扭矩从差速器传送至车轮

C. 使车轮在转变时转速可以不同　　D. B 和 C 都正确

58. 在行星齿系机构中,只有当(　　)时,才能获得倒挡。

A. 行星架制动,齿圈主动　　B. 行星架主动,太阳齿制动

C. 齿圈制动,太阳齿主动　　D. 太阳齿主动,行星架制动

59. 当讨论变矩器时,技师甲说它用于把发动机的转矩传递给变速器。技师乙说涡轮在任何时候都以发动机的转速转动。试问谁正确?(　　)

A. 甲正确　　B. 乙正确　　C. 两人都正确　　D. 两人都不正确

60. 离合器利用液压来(　　)。

A. 将离合器片和离合器盘锁定在一起

B. 利用回位弹簧将离合器盘锁定在一起

C. 将活塞锁定在衬套上

D. 以上都不正确

61. 制动器用来(　　)。

A. 将两个行星齿轮组的部件锁定在一起

B. 将行星齿轮组的一个部件与变速器壳体锁定

C. 将太阳齿轮与输出轴锁定

D. 以上都正确

62. 通常与换挡器故障有关的症状是(　　)。

A. 换挡时机的问题　　B. 换挡质量的问题

C. 变速器噪声　　D. A 和 B 都正确

63. 自动变速器中的液压油位于(　　)之中。

A. 部件之间的间隙　　B. 不同类型的油封和密封圈

C. 油路　　D. 以上都正确

64. 阻尼式变扭器离合器(　　)。

A. 是电子控制的

B. 控制变扭器内泵轮和涡轮滑转量

C. 与锁定式离合器相比,能够在较长的转速范围内操作

D. 以上都正确

65. 清除自动变速器油中污染物应从(　　)。

A. 液力变扭器　　B. 变速器冷却器

C. A 和 B 都正确　　D. A 和 B 都不正确

66. 节流压力(　　)。

A. 由加速踏板的位置控制　　B. 被用来控制换挡点

C. 是调节过的管路压力　　D. 以上都正确

67. 技师甲说辛普森行星齿轮机构是两组行星齿轮共用一个太阳轮。技师乙说腊文朗式行星齿轮机构有两个太阳轮、两组行星齿轮架和一个共用齿圈。试问谁正确?(　　)

A. 甲正确　　B. 乙正确　　C. 两人都正确　　D. 两人都不正确

68. 技师甲说单向离合器有滚柱式和楔块式两种。技师乙说滚柱式离合器利用内外座圈的斜槽进行工作。试问谁正确?(　　)

A. 甲正确　　B. 乙正确　　C. 两人都正确　　D. 两人都不正确

69. 手动阀由(　　)控制。

A. 节流压力　　B. 管路压力

C. 调速器压力　　D. 以上都不正确

70. 技师 A 说节流压力必须克服调速器压力之后变速器才能降挡。技师 B 说当调速器压力克服了节流压力且换挡阀移动时,发生升挡。试问谁正确?(　　)

A. 技师 A 正确　　B. 技师 B 正确

C. 技师 A 和 B 都正确　　D. 技师 A 和 B 都不正确

71. 更换 ATF 时,你通常应(　　)。

A. 更换变速器滤清器(如果安装)　　B. 检查油底壳是否有碎屑

C. 如果适用,调整制动带伺服器　　D. 完成以上所有项目

72. 路试车辆最好应(　　)。

A. 检查 ATF 之前进行路试,以重现顾客所反映的故障

B. 路试前先进行失速检测

C. 根据顾客的说明进行路试以验证存在的故障

D. 了解故障所在后,立即返回经销店,不必完成整个路试程序

73. 蓄能器被用来( )。

A. 控制液力变扭器的锁定　　B. 控制换挡时机

C. 增加管路压力　　D. B 和 C 都正确

74. 技师 A 说在检查 ATF 液位时,如果液位稍有些高是正常的,因为车辆预热后,液位通常会下降。技师 B 说在检查 ATF 液位之前,应将变速器换至所有挡位。试问谁正确?( )

A. 技师 A 正确　　B. 技师 B 正确

C. 技师 A 和 B 都正确　　D. 技师 A 或 B 都不正确

75. 技师 A 说失速检测只能告诉你液力变扭器的导轮离合器的状况。技师 B 说,诊断 A/T 故障的第一步一定要进行失速检测。试问谁正确?( )

A. 技师 A 正确　　B. 技师 B 正确

C. 技师 A 和 B 都正确　　D. 技师 A 或 B 都不正确

76. 液压压力检测应在( )。

A. 只有察觉管路压力有问题时

B. 当察觉内部变速器有问题时

C. 将变速器拆卸后

D. 变速器重新组装后

77. 技师 A 说液压检测能指示漏油的内部部件。技师 B 说压力检测能指示卡滞的换挡阀。试问谁正确?( )

A. 技师 A 正确　　B. 技师 B 正确

C. 技师 A 和 B 都正确　　D. 技师 A 和 B 都不正确

78. 自动变速驱动桥诊断代码( )。

A. 能够识别有故障的传感器　　B. 能够识别有故障的作动器

C. 能够确认液压故障　　D. A 和 B 都正确

79. 在辛普森行星齿轮系统中,当齿圈固定,太阳齿作主动件,可获得的传动比为( )。

A. 大于 2　　B. 等于 2　　C. 小于 2　　D. 小于 1

80. 当讨论阀体时,技师甲说阀体根据真空度信号确定换挡的最佳时机。技师乙说阀体的动作都由电磁阀控制。试问谁正确?( )

A. 甲正确　　B. 乙正确　　C. 两人都正确　　D. 两人都不正确

81. 技师甲说多片式离合器可用于固定行星齿轮机构的某个元件使之不运转。技师乙说多片离合器可用于驱动行星齿轮机构的某元件。试问谁正确?( )

A. 甲正确　　B. 乙正确　　C. 两人都正确　　D. 两人都不正确

82. 避免自动变速器产生频繁换挡的简单方法是( )。

A. 保持加速踏板不变,把换挡手柄改换到高速挡

B. 保持加速踏板不变,把换挡手柄改换到低速挡

C. 保持原有挡位,踩下加速踏板

D. 保持原有挡位,抬起加速踏板

83. 技师甲说辛普森齿轮机构是两排齿轮机构共用一个太阳轮,有 4 个独立的元件。技师乙说双行星排串联齿系也有 4 个独立元件。试问谁正确?( )

A. 甲正确　　B. 乙正确　　C. 两人都正确　　D. 两人都不正确

84. 当讨论辛普森结构变速器时,技师甲说前行星架可以用作齿轮机构的输出元件。技师乙说后齿圈可以用作齿轮机构的输出元件。试问谁正确?(　　)

A. 甲正确　　B. 乙正确　　C. 两人都正确　　D. 两人都不正确

85. 技师甲说所有可调整制动带的锁止螺母和调整螺钉都在变速器箱体外面。技师乙说一些制动带不用螺钉调整。试问谁正确?(　　)

A. 甲正确　　B. 乙正确　　C. 两人都正确　　D. 两人都不正确

86. 技师甲说变速器中所有装特氟隆密封件的地方,在大修之后,还应换上新的特氟隆密封件。技师乙说安装特氟隆密封件时必须压紧抚平。试问谁正确?(　　)

A. 甲正确　　B. 乙正确　　C. 两人都正确　　D. 两人都不正确

87. 在讨论油压测试的结果时,技师甲说如果油压过高,说明可能存在内部泄漏、油滤堵塞、油泵输出压力过低或油压调节阀失效。技师乙说如果油压在不该升高的时候升高,说明伺服机构或离合器的油封存在内部泄漏。试问谁正确?(　　)

A. 甲正确　　B. 乙正确　　C. 两人都正确　　D. 两人都不正确

88. 在检查离合器盘片时,技师甲说如果摩擦片的印记被磨掉,就必须更换。技师乙说应该挤压摩擦片,看它是否保存油液,如果盘片保存油液,并且目视检查印记存在,就说明盘片仍然可用。试问谁正确?(　　)

A. 甲正确　　B. 乙正确　　C. 两人都正确　　D. 两人都不正确

89. 在讨论变速器的安装时,技师甲说离合器钢片应该涂上凡士林。技师乙说在安装摩擦片之前应先将其泡在干净的 ATF 中。试问谁正确?(　　)

A. 甲正确　　B. 乙正确　　C. 两人都正确　　D. 两人都不正确

90. 技师甲说一个卡住的导轮单向离合器将使汽车低速时性能优良而高速时性能不良。技师乙说一个未锁止的导轮单向离合器将使汽车起步性能不良。试问谁正确?(　　)

A. 甲正确　　B. 乙正确　　C. 两人都正确　　D. 两人都不正确

91. 目前,多数自动变速器有(　　)个前进挡。

A. 2　　B. 3　　C. 4　　D. 5

92. 在单行星齿排中,如果有锁止元件并且行星架位输出轴,其输出结果必定是(　　)。

A. 等速等转矩　　B. 增速减转矩

C. 减速增转矩,但方向相同　　D. 减速增转矩,但方向相反

93. 辛普森行星齿轮机构的特点包括两组行星齿轮排和(　　)。

A. 共用一个齿圈　　B. 共用一个太阳齿轮

C. 共用一个行星齿轮架　　D. 后太阳齿轮与前行星架刚性连接

94. 造成自动变速器换挡延迟故障,其原因是(　　)。

A. 换挡电磁阀线圈开路　　B. 节气门位置传感器信号不良

C. 换挡电磁阀阀芯卡滞　　D. 液压系统的主油压偏高

95. 当将电控自动变速器上的电磁阀插头拔下时,车辆(　　)。

A. 仍可手动换挡

B. 发动机能启动,但车辆不能行驶

C. 不能启动发动机

D. R 挡变成第一挡,产生最大的启动转矩

三、多选题(将正确答案的序号填入括号内,多选、少选均不得分)

1. 控制自动变速器是通过各种传感器,将(　　)等参数转变为电信号,来控制换挡执行机构的动作。

A. 发动机转速　　B. 节气门开度　　C. 转速　　D. 发动机水温

2. 在单行星齿系机构中,指出输出增矩状态时,是(　　)结构。

A. 太阳齿轮输入、行星架自由、齿圈输出

B. 行星架输入、太阳齿轮锁止、齿圈输出

C. 太阳齿轮输入、齿圈锁止、行星架输出

D. 齿圈输入、太阳齿轮锁止、行星架输出

3. 行星齿轮结构由(　　)组成。

A. 齿圈　　B. 行星齿轮　　C. 行星架　　D. 太阳轮

4. 在自动变速器中,液力变矩器内部油流的特点有(　　)。

A. 既有圆周运动,又有环形运动,形成首尾相接的油流

B. 只有环形流动,在环流冲击下,使输出轴的转矩增大

C. 被泵轮加速的油流先到达较小的导轮,再冲击涡轮

D. 被泵轮加速的油流先冲击涡轮,再流向导轮并改变方向

5. 当液力变矩器的锁止离合器结合后,能达到(　　)的效果。

A. 增大输出转矩

B. 减少发动机功率损耗,提高传动效率

C. 增速降矩

D. 降低自动变速器液的温度

6. 液力变矩器的输出特性曲线,能描述变矩器的重要特性,其描述的参数包括(　　)。

A. 泵轮转速与涡轮转速的传动比　　B. 圆周油流与环流油流的能量比

C. 输出转矩与输入转矩的变矩比　　D. 涡轮转速与泵轮转速的转速比

7. 给自动变速器作失速实验,通过失速实验可检验(　　)。

A. 液力变矩器的锁止离合器的性能　　B. 液力变矩器的单向离合器的性能

C. 变速控制机构中摩擦片的工作　　D. 发动机的输出功率

8. 失速试验是自动变速器的一项重要实验,其规范要求有(　　)。

A. 加速踏板踩下并稳定在一半位置

B. 加速踏板要踩到底

C. 试验运转时间应保持在 10 s 以上

D. 正常状况下,发动机转速应保持在 2 200 ~ 2 400 r/min

9. 下列关于自动变速器中离合器摩擦盘片的正确说法是(　　)。

A. 安装新摩擦片前,必须在 ATF 中浸泡 15 min 以上

B. 为便于工艺操作,可沿任意方向安装摩擦片

C. 一旦发现有的摩擦片上的印记数字或标志被磨去,必须更换所有的摩擦片

D. 安装完毕后,检查摩擦片间的间隙应为 2.5 ~ 4.0 mm

10. 在辛普森齿系中,当输入轴为顺时针转动时,下列中正确的说法有(　　)。

A. 当 C1,B2 工作时,动力允许从输入轴传向输出轴,也允许逆向传输

B. 当 C1,B1,F1 工作时,动力允许从输入轴传向输出轴,也允许逆向传输

C. 当 C1,C2 工作时,传动比为 1

D. 当 C2,B2 工作时,为顺向传输

1.1.7 CAJS407 车身电控系统故障诊断与维修

一、判断题

1. 自动空调系统可以实现夏天按下“AUTO”键时不出热风。 ( )
2. 碰撞传感器相当于一只控制开关。 ( )
3. 螺旋线束装在转向盘与转向柱之间。 ( )
4. BCM 的控制逻辑中,输出为各种开关信号。 ( )
5. 电控防盗系统可确保车门不被窃贼暴力打开。 ( )
6. 所谓中控锁就是驾驶员锁住驾驶员车门时,其他几个车门能同时自动锁住。 ( )
7. 巡航控制系统的英文缩写为 ESP。 ( )
8. 不同车型配置的 BCM 型号不同,但基本的控制原理都是相同的。 ( )
9. 自动空调的功率晶体管主要实现对鼓风机的转速控制,通过调整功率晶体管基极电流来控制到送风机马达的电流。 ( )
10. 自动空调通过功率晶体管实现对鼓风机的无级调速。 ( )
11. 存储式电动座椅因为 ECU 功能很强,故电动机内未设电路断路器。 ( )
12. 当仅仅需要超车,超车后仍需要按原车速巡航时,可直接加油门超车,超车完成后,放松加速踏板,巡航控制系统即工作,继续以设定的巡航车速行驶。 ( )
13. 汽车仪表用于为驾驶员提供车辆各个系统的综合信息,帮助驾驶员了解车辆的状态。 ( )
14. 三点式安全带也称为腰肩联合带。 ( )
15. 打开点火开关后,SRS 灯不亮表示 SRS 系统自检正常。 ( )
16. 仪表板上巡航控制系统的 CRUISE ON—OFF 指示灯灭时,表示巡航系统进入运行状态。 ( )
17. 点火开关打到 ON 挡时,充电指示灯应是点亮的。 ( )
18. 轮胎压力监控系统的 4 个轮胎压力传感器可任意安装在 4 个轮胎上没有位置之分。 ( )
19. 自适应巡航定速系统是在传统巡航定速系统的基础上增加了车距判断控制功能。 ( )
20. 汽车车身电控系统传感器的模拟电压信号是一种在一定时间内连续变化的电压信号。 ( )
21. 汽车车身电控系统传感器的数字电压信号可以简单地理解为不是高电压就是低电压,或者说在电路状态中只有开与关两种工作状态。 ( )
22. 汽车巡航控制系统主要根据车速和节气门位置传感器的反馈信号实现车速稳定控制。 ( )
23. 自动空调系统和手动空调系统配气系统在总体结构部件上是类似的。 ( )
24. 更换新的防盗器之后,需要对防盗器进行编程。 ( )

25. 为保护压缩机，自动空调系统在蒸发器温度低于 2 ℃时，将控制压缩机停止工作。 (　　)

26. 汽车车身电控系统与常规电气系统相比能在同等成本下实现更多的功能。 (　　)

27. 汽车电控单元最终只能识别数字信号，为了能够让电控单元识别所有模拟信号，必须在电控单元接口电路中增加模拟数字转换器。 (　　)

28. 一般的车载传感器基于机械、液压、气压等物理状况工作，因此电控单元不需要为传感器提供工作电源。 (　　)

29. 执行器的主要任务是把控制器的电信号输出转化为机电、液压、气压等物理状态变化。 (　　)

30. 拆装车载电脑时必须先关闭点火开关，必要时甚至断开蓄电池负极。 (　　)

二、单选题(每题只有一个正确答案，请将正确答案的序号填入括号内)

1. 电动车窗电机是(　　)电机。

A. 直流单向　B. 直流双向　C. 交流电机　D. 都可以

2. 在汽车显示系统中，下列属于被动显示装置的是(　　)。

A. LED　B. LCD　C. VFD　D. CRT

3. 巡航控制所能设定的最低车速约为(　　)km/h。

A. 25　B. 40　C. 50　D. 60

4. 汽车电路一般采用(　　)。

A. 正极和负极混合搭铁　B. 正极搭铁

C. 负极搭铁　D. 任何搭铁方式

5. 在汽车网络中，用(　　)来约定各模块的优先权。

A. 数据总线　B. 通信协议　C. 总线速度　D. 以上都不正确

6. 前照灯灯泡中的远光灯灯丝应安装在(　　)。

A. 反光镜的焦点处　B. 反光镜的焦点上方

C. 反光镜的焦点下方　D. 以上都不正确

7. 装有 4 个双向电动机的座椅最多可以调整(　　)个方向。

A. 8　B. 5　C. 4　D. 6

8. 一般轿车后窗玻璃采用的除霜方式是(　　)。

A. 电热丝加热

B. 独立式暖风装置并将热风吹至风窗玻璃

C. 将暖风机热风吹至后风窗玻璃

D. 太阳光

9. 在中央门锁的控制系统中，BCM 可以接收的信号不包括(　　)。

A. 驾驶员侧钥匙开关　B. 遥控信号

C. 中央门锁开关　D. 副驾驶侧门锁开关

10. 一般安装在汽车驾驶室内前上方的后视镜是(　　)。

A. 内后视镜　B. 外后视镜　C. 下后视镜　D. 上后视镜

11. 基本能解决失真和盲区问题的后视镜是(　　)。

A. 平面镜　B. 球面镜　C. 双曲率镜　D. 凹镜

12. 全球定位系统简称(　　)。

A. AHS　　B. ITS　　C. GPS　　D. CCS

13. 下列关于车身电子控制技术的基本内容,说法错误的是(　　)。

A. 电动后视镜是舒适方面　　B. 电控前大灯是照明方面

C. 电子车速表是仪表方面　　D. 电控安全带是安全方面

14. 中央门锁控制系统有车外同时开启与锁止车门的功能,它是由(　　)实现的。

A. 门锁开关　　B. 门控开关

C. 钥匙控制开关　　D. 中央控制门锁开关

15. 电动车窗升降系统电路设置的断路保护器结构是采用(　　)。

A. 熔断器　　B. 双金属片　　C. 继电器　　D. 保险丝

16. 下列不属于对安全气囊系统要求的是(　　)。

A. 柔软性好　　B. 灵敏度高　　C. 可靠性高　　D. 有防误爆功能

17. 电控变色后视镜提供让人感觉舒服的反射率为(　　)。

A. 15% ~25%　　B. 20% ~30%　　C. 25% ~35%　　D. 30% ~40%

18. 下列不可以用作感光器的是(　　)。

A. 光敏晶体管　　B. 激光二极管　　C. 光电三极管　　D. 光电二极管

19. 控制转向灯按照一定频率闪烁的零件是(　　)。

A. 转向开关　　B. 转向灯　　C. 闪光继电器　　D. 危险警报开关

20. 下列不属于 BCM 的输出信号控制的部件是(　　)。

A. 门锁电机　　B. 喷油器

C. 玻璃升降器电机　　D. 前大灯

21. 下列说法错误的是(　　)。

A. 检修安全气囊时,均应摘下蓄电池的负极导线

B. 检修安全气囊时,可以使用欧姆表测量电子点火器的电阻

C. 检修安全气囊时,主件及控制单元应避免受到磕碰和振动

D. 安全气囊装置不允许打开或修理

22. 汽车在大雨天行驶时,刮水器应工作在(　　)。

A. 高速挡　　B. 间歇挡　　C. 瞬时挡　　D. 低速挡

23. 检查和调整大灯的必要条件是(　　)。

A. 轮胎充气压力正常　　B. 发动机正常

C. 仪表正常　　D. 车辆必须处于加载状态

24. 自动巡航系统主要靠(　　)获取信号。

A. 速度传感器　　B. 水温传感器　　C. 爆震传感器　　D. 氧传感器

25. 怎样撤销自动巡航系统?(　　)

A. 打方向　　B. 踩刹车　　C. 开启天窗　　D. 开大灯

26. 巡航控制系统又称为巡航行驶装置、(　　)、恒速行驶系统等。

A. 加速控制系统　　B. 减速控制系统

C. 不定速控制系统　　D. 定速度控制系统

27. 自动巡航控制系统在车速大于(　　)才起作用。

A. 40 km/h　B. 60 km/h　C. 80 km/h　D. 90 km/h

28. 自动空调与手动空调的根本区别在于自动空调具有(　　)。

A. 制冷功能　B. 取暖功能　C. 恒温控制功能　D. 操纵方便

29. 为防止在炎热的夏天开启自动空调后马上吹出热风,自动空调系统将进行(　　)。

A. 预热控制　B. 时滞控制　C. 车速补偿　D. 鼓风机转速控制

30. 车内温度传感器一般安装在(　　)。

A. 仪表板出风口处　B. 蒸发箱内　C. 冷凝器前方　D. 后视镜上

31. SRS 系统电路装车配线时点火器和螺旋电缆引线内部装有短路电阻是为了(　　)。

A. 方便安装　B. 便于线路检查

C. 防止电压过大　D. 防止电路通电时点火器误动作点火

32. 自适应式巡航控制系统的缩写正确的是(　　)。

A. CCS　B. GRA　C. ACC　D. SRS

33. 自动空调系统车内温度传感器属于(　　)。

A. 正热敏系数传感器　B. 负热敏系数传感器

C. 电位计型　D. 压力电阻变化型

34. 下列不是倒车雷达组成的是(　　)。

A. 蜂鸣器　B. 超声波传感器　C. ECU　D. 倒车灯

35. 巡航取消后,控制单元自动清除记忆车速的巡航取消信号有(　　)。

A. 停车灯开关信号　B. 驻车制动开关信号

C. 离合器开关信号　D. 巡航主开关信号

36. 空调系统常用的制冷剂为(　　)。

A. R134a　B. R134b　C. R13　D. R12

37. 自动座椅是在电动座椅的基础上增加了(　　)。

A. 记忆存储复位功能　B. 自动控制功能

C. 前后移动功能　D. 倾斜功能

38. 在自动空调系统制冷模式下,进风门将处于(　　)。

A. 内循环　B. 外循环　C. 不确定　D. 不会变化

39. 安全气囊的车辆线束一般采用(　　)颜色,与其他系统区别。

A. 黑色　B. 红色　C. 黄色　D. 白色

40. 空调系统中,储液干燥罐的主要作用是(　　)。

A. 储存制冷剂

B. 去除制冷剂中的水分

C. 过滤循环管路中的气泡,保证流向膨胀阀的制冷剂为液态

D. 以上都正确

三、多选题(将正确答案的序号填入括号内,多选、少选均不得分)

1. 退出巡航控制的方式有(　　)。

A. 取消开关　B. 停车灯开关　C. 驻车制动开关

D. 离合器开关　E. 空挡启动开关

2. 汽车车身电控系统新技术主要体现为(　　)。

A. 车身安全性控制系统　　B. 使用方便性控制系统
C. 车内环境舒适、娱乐系统　　D. 多媒体信息与显示系统
E. 车载网络控制系统　　F. 导航与车辆智能控制系统

3. 汽车车身电控系统与常规电气系统相比,主要体现在(　　)。
A. 功能　　B. 软件复用　　C. 电脑板　　D. 系统变复杂

4. 空调系统的控制包括(　　)。
A. 内外循环控制　　B. 发动机控制　　C. 暖风控制　　D. 制冷控制

5. 车上的仪表显示主要包含(　　)。
A. 车速里程　　B. 发动机冷却液温度　　C. 油箱燃油量　　D. 发动机转速

6. 车身控制系统的主要组成有(　　)。
A. 车身控制模块　　B. 照明灯系　　C. 门锁车窗电机　　D. 怠速电机

7. 负极搭铁的优点是(　　)。
A. 对车架和车身金属的化学腐蚀较轻　　B. 增加线束数量
C. 对无线电干扰小　　D. 各个系统之间互相影响

8. (　　)是属于自动空调系统的组成部分。
A. 制冷系统　　B. 取暖系统　　C. 配气系统　　D. 空气净化系统

9. 自动空调系统的工作环境信号有(　　)。
A. 车内温度传感器　　B. 车外温度传感器
C. 进风门位置传感器　　D. 阳光传感器

10. 自动空调压缩机的控制模式有(　　)。
A. 基本控制模式　　B. 系统保护控制模式
C. 发动机功率保护控制模式　　D. 随机控制模式

1.1.8　CAJS408 辅助安全系统故障诊断

一、判断题

1. 安全气囊的英文缩写为 ABS。(　　)
2. 几乎所有的安全气囊线束都装在绿色的波纹管内,以便区别。(　　)
3. 安全气囊系统的防止误爆机构就是防止静电或误通电将点火器接通而造成气囊误炸。(　　)
4. 安全气囊一般和安全带一起作用,来保护车内乘员。(　　)
5. 安全气囊的报警灯常亮说明系统没有故障。(　　)
6. 碰撞时如果蓄电池损坏,安全气囊将不会工作。(　　)
7. 安全气囊比安全带更能起到保护作用。(　　)
8. 安全气囊点火组件工作,使充气剂受热分解释放压缩空气充入气囊。(　　)
9. 安全气囊系统一般都有备用电源,检修时无须放电直接测量也没关系。(　　)
10. 预紧式安全带的控制一般由气囊控制器完成。(　　)
11. 当碰撞强度达到第一级,未达到第二级,点爆预紧式安全带达到第二级时,点爆气囊。(　　)
12. 安全气囊的设计思想是在发生一次碰撞后、二次碰撞前,迅速在乘员和汽车内部结构

之间打开一个充满气体的袋子,从而保护乘员。 ( )

13. 汽车制动时,前轮发生抱死就会导致转向失效。 ( )

14. 汽车制动时,车轮抱死是最直接、有效的制动方式。 ( )

15. 在干燥路面上制动时,带 ABS 系统的车辆制动距离要远远小于没有 ABS 系统的车辆。 ( )

16. 对 ABS 系统进行制动时,脚踏板有反弹的感觉,说明 ABS 系统开始工作。 ( )

17. 只要 ABS 系统正常,则 ABS 故障指示灯应该在任何情况下都不点亮。 ( )

18. 轮速传感器断路会导致 ABS 系统间歇性故障。 ( )

19. ABS 系统会导致轮胎磨损加剧。 ( )

20. ABS 系统排气方法与普通制动系统一样。 ( )

21. 驾驶带 ESP 系统的车辆时,可以不用考虑行车的安全问题,随便驾驶。 ( )

22. ASR 是发动机牵引力控制功能的简称。 ( )

23. ESP 系统对制动压力传感器设定前必须先对系统进行排气。 ( )

24. 空气弹簧没有充气时,可以随时撤去车辆支撑,使其停放在地面上。 ( )

25. 在测功仪上对车辆检测时,可以不必关闭 ESP 系统。 ( )

26. 车速行驶到一定程度时,ESP 开关将不能再关闭 ESP 系统。 ( )

27. ESP 系统的作用是防止车辆在加速或制动时出现纵向和横向滑移,提高车辆的稳定性。 ( )

28. 方向盘转角传感器的主要作用是检测转向时方向盘的转动角度大小。 ( )

29. 空气弹簧可以对空气悬架进行刚度调节,其具体工作状态有高、低两种。 ( )

30. EBD 制动力分配是 ABS 系统的附加功能。 ( )

二、单选题(每题只有一个正确答案,请将正确答案的序号填入括号内)

1. 安全气囊前碰撞传感器的有效作用范围是汽车正前方( )。

A. ±25°　B. ±35°　C. ±30°　D. ±40°

2. 侧面安全气囊系统在( )下会膨胀开。

A. 轻微的侧面碰撞　B. 侧面碰撞　C. 追尾　D. 侧滑

3. 对安全气囊的任何作业,都必须等拆下蓄电池搭铁线( )min 以上方可进行。

A. 25　B. 50　C. 30　D. 15

4. 安全气囊的线束为了与其他线束区别,一般做成( )。

A. 红色　B. 黄色　C. 蓝色　D. 绿色

5. 安全气囊是否引爆取决于汽车碰撞时的( )大小和碰撞角度。

A. 减速度　B. 碰撞能量　C. 车身刚度　D. 碰撞力

6. 安全气囊是辅助安全系统,简称( )。

A. ECU　B. SRS　C. IPC　D. VTEC

7. 在汽车没有发生碰撞的情况下,安全气囊的使用年限为( )年。

A. 5 ~6　B. 15 ~20　C. 7 ~15　D. 9 ~10

8. 安全气囊为了防误爆,一般采用( )。

A. 一级门限控制　B. 二级门限控制

C. 三级门限控制　D. 四级门限控制

9. 安全传感器也称为保险传感器,安装在安全气囊 ECU 的内部,通常有(　　)个。

A. 1　　B. 2　　C. 3　　D. 4

10. 安全气囊作用应在(　　)。

A. 一次碰撞前　　B. 一次碰撞后二次碰撞前

C. 二次碰撞后　　D. 碰撞时

11. 安全气囊的气体发生器是利用(　　)反应产生氮气充入气囊。

A. 化学　　B. 物理　　C. 复合　　D. 热效

12. 安全气囊备用电源的储能元件是(　　)。

A. 电容　　B. 电感　　C. 电池　　D. 电阻

13. 安全气囊引爆时的最小安全距离为(　　)m。

A. 2　　B. 5　　C. 10　　D. 15

14. 电控安全气囊系统的保险机构中,端子双重锁定机构是用来(　　)。

A. 防止安全气囊误引爆　　B. 防止连接器脱开

C. 检测连接器是否连接可靠　　D. 防止端子沿引线滑动

15. (　　)不是安装在安全气囊 ECU 内部的传感器。

A. 保险传感器　　B. 安全传感器

C. 中央传感器　　D. 电子式传感器

16. SRS 系统的 ECU 一定要收到(　　)级信号波形才点火引爆雷管使气囊充气。

A. 一　　B. 二　　C. 三　　D. 四

17. SRS 系统的安全传感器与任一个碰撞传感器的逻辑判断经(　　)门电路运算,才会确认发生了正面碰撞。

A. 或　　B. 非　　C. 或非　　D. 与

18. 安全气囊是(　　)装置。

A. 主动安全　　B. 被动安全　　C. 电动　　D. 机械

19. 安全气囊等在发动机正常运转时点亮,证明(　　)。

A. 系统没有故障　　B. 系统有故障　　C. 气囊爆炸　　D. 没有气囊

20. 安全气囊传感器包括(　　)传感器和压力传感器。

A. 曲轴位置　　B. 空气流量　　C. 加速度　　D. 水温

21. 安全气囊系统中加速度传感器是属于(　　)信号。

A. 输出　　B. 输入　　C. 接口　　D. 执行

22. 气囊组件主要由 SRS 气囊、(　　)和气体发生器等组成。

A. 点烟器　　B. 点火器　　C. 点火线圈　　D. 高压线

23. 安全气囊与安全带预张装置起爆后,必须同时更换(　　)。

A. 安全气囊指示灯　　B. 蓄电池

C. 气囊中央控制器　　D. 点火开关

24. 为便于区别,SRS 的线束插接器与其他电气系统的插接器有所不同,目前 SRS 的线束插接器大多数采用(　　)。

A. 黄色　　B. 红色　　C. 蓝色　　D. 黑色

25. 汽车电控制动防抱死系统简称为(　　)。

A. ESP B. ASR C. ABS D. SRS

26. ESP 系统主要包括( )。
A. ABS 制动防抱死 B. ASR 驱动防滑
C. EDS 电子差速锁 D. 以上都正确

27. 下列元件中不属于 ABS 系统的是( )。
A. 轮速传感器 B. 制动开关 C. ABS 指示灯 D. 转向角度传感器

28. 电动式助力转向系统简称为( )。
A. ESP B. EPS C. EHPS D. EDS

29. 关于车轮防抱死系统说明正确的是( )。
A. 有效地缩短了制动距离 B. 保证了制动时车辆的转向功能
C. 减小了车轮轮胎的磨损 D. 以上都正确

30. 下列关于汽车电控悬架 ECU 对行车过程而实施控制的叙述,正确的是( )。
A. 防下坐控制时,需将弹簧刚度和减振阻尼力调节为“中等”状态
B. 为抑制汽车制动时栽头,需将弹簧刚度和减振阻尼力调节为“中等”状态
C. 将弹簧刚度和阻尼力变成“中等”或“坚硬”状态,可有效抑制汽车的上下跳振
D. 以上都正确

31. 关于电控悬架压缩空气系统元器件的安装位置,说法不正确的是( )。
A. 变阻尼减振器安装于空气弹簧的上端
B. 高度控制排气电磁阀安装于空气干燥器的末端
C. 高度控制电磁阀安装于空气干燥器的末端和气动减振器之间
D. 以上都不正确

32. ABS 控制系统中,最常用的轮速传感器类型为( )。
A. 电磁式和霍尔式 B. 霍尔式和光电式
C. 光电式和电磁式 D. 以上都不正确

33. 现代轿车 ABS 系统一般采用( )控制。
A. 单通道 B. 双通道 C. 三通道 D. 四通道

34. ABS 系统在道路试验时,下列说法不正确的是( )。
A. 当 ABS 故障指示灯亮时,ABS 系统不工作
B. 制动时,ABS 系统工作,则踏板会产生剧烈振动
C. 制动时,踏板发软、下沉属于正常现象
D. 在干燥路面上行驶时,ABS 系统可有效地缩短制动距离

35. 下列问题中最不可能导致 ABS 系统间歇性故障的是( )。
A. 车轮传感器插接器接头损坏 B. 车轮传感器线路断路
C. 电控单元插接器内松动 D. 控制单元内部电磁阀接线端子开焊

36. ABS 系统在保压过程中,进油阀( ),出油阀( )。
A. 打开,关闭 B. 打开,打开 C. 关闭,打开 D. 关闭,关闭

37. 关于 ESP 系统元件安装,下列说法正确的是( )。
A. 转向角度传感器可以随意地安装与拆卸
B. 横向加速度传感器安装完毕后可以不必匹配

C. 轮速传感器安装后不需要进行匹配

D. 以上都不正确

38. 电子液力式动力转向系统简称为(　　)。

A. EHPS　　B. EPS　　C. EMPS　　D. EHSP

39. 转向角度传感器的主要作用不包括(　　)。

A. 向 ESP 系统提供转向角度的大小信息　　B. 向 EPS 系统提供转向角度

C. 向 ABS 系统提供转向角度信息　　D. 以上都不正确

40. 关于 ABS 系统下列说法不正确的是(　　)。

A. 当故障指示灯点亮时,ABS 系统一定有故障码储存

B. ABS 系统停止工作后,常规制动还可以正常使用

C. 当制动液液面低于正常值时,ABS 系统退出工作

D. 即便是 ABS 系统正常,也不是在什么时候都起作用

41. 在对 ABS 系统进行维修时,(　　)。

A. 应关闭点火开关后,才可以拔下 ABS 电控单元的插头

B. 当轮速传感器信号偏弱时,应注意检查信号齿圈的清洁

C. 更换 ABS 系统总成时,应注意对各个管路进行标记

D. 以上都正确

42. ESP 系统在(　　)需要被关闭。

A. 松软路面起步行驶时　　B. 车轮带防滑链行驶时

C. 测功仪上进行检测时　　D. 以上都正确

43. 下列元件中不属于 ESP 系统的是(　　)。

A. 轮速传感器　　B. 制动开关

C. 转向力矩传感器　　D. 转向角度传感器

44. 下列属于电控转向助力系统的是(　　)。

A. 转向角度传感器　　B. 转向力矩传感器

C. 转向角速度传感器　　D. 以上都正确

45. ABS 系统液压控制过程为(　　)。

A. 增压—减压—增压　　B. 增压—保压—增压

C. 增压—保压—泄压　　D. 保压—减压—保压

46. 关于 ESP 电子车身稳定系统说明正确的是(　　)。

A. 可以主动对驾驶员的驾驶进行干预

B. 工作时,闪亮指示灯对驾驶员进行提醒

C. 可以对单个或多个车轮制动以修正车身行驶轨迹

D. 以上都正确

47. 放置安全气囊,气囊应(　　)放置。

A. 向下　　B. 侧着　　C. 向上　　D. 随意

48. ABS 系统故障指示灯不亮的原因可能是(　　)。

A. 保险烧毁　　B. 灯泡损坏　　C. 电控系统故障　　D. 以上都有可能

49. 整体式液压动力转向系统是将(　　)。

A. 转向器、转向动力缸、转向控制阀三者分开布置

B. 转向动力缸与转向控制阀组合成一个整体

C. 转向器、转向动力缸、转向控制阀三者组合成一个整体

D. 以上都不正确

50. 在讨论气囊传感器时,甲说各传感器上的箭头必须指向汽车的后方;乙说一定不要将气囊传感器托架弄弯或扭曲。试问谁正确?(　　)

A. 甲正确　　B. 乙正确　　C. 两人都正确　　D. 两人都不正确

三、多选题(将正确答案的序号填入括号内,多选、少选均不得分)

1. 安全气囊的车辆一般采用哪个缩写?(　　)

A. SRS　　B. Airbag　　C. SCS　　D. SRR

2. 下列哪些是被动安全装置?(　　)

A. 安全气囊　　B. 安全带　　C. 转向分离机构　　D. ABS

3. 出现以下哪种情况时,制动警告灯点亮属于不正常现象?(　　)

A. 制动警告灯对地短路　　B. 拉起驻车制动时

C. 制动液液位不足时　　D. 以上都正确

4. 关于 ABS 系统下列说法正确的是(　　)。

A. 当故障指示灯点亮时,ABS 系统一定有故障码储存

B. ABS 系统停止工作后,常规制动还可以正常使用

C. 当制动液液面低于正常值时,ABS 系统退出工作

D. 即便是 ABS 系统正常,也不是在什么时候都起作用

5. 检查 ABS 制动系统时,(　　)情况属于正常现象。

A. 制动踏板有脉动感觉　　B. 前轮抱死

C. ABS 警示灯熄灭　　D. 后轮不抱死

6. 下列元件中,(　　)是 ABS 和 ASR 系统共用的。

A. 轮速传感器　　B. 电控单元

C. 制动灯开关　　D. 副节气门执行器

7. ABS 由(　　)组成。

A. 泵　　B. 阀体

C. ABS 控制块　　D. 轮速传感器

8. ABS 液压控制过程包括(　　)。

A. 升压过程　　B. 保压过程

C. 泄压过程　　D. 都不正确

9. ABS 液压控制过程(升压过程),阀体是如何工作的?(　　)

A. 进油阀打开　　B. 进油阀关闭

C. 出油阀打开　　D. 出油阀关闭

10. 发动机启动后,ABS 灯常亮,可能的原因是(　　)。

A. ABS 控制器损坏　　B. CAN 通信故障

C. ABS 泵故障　　D. 车速传感器出现问题

1.2　四星技师理论考试测试题库参考答案

1.2.1　CAJS401 ECM 电控单元识别及检测参考答案

一、判断题

1—5　√×√√√　　6—10　√×××√

11—15　√×√××　　16—20　√√×√√

二、单选题

1—5　CBBBB　　6—10　ABDAB

11—15　CCDBD　　16—20　BAABC

21—25　BDBBA　　26—30　BCDCA

三、多选题

1. ABC　2. ABC　3. BD　4. ABC　5. AD

6. BCD　7. AC　8. ABC　9. CD　10. ABCD

1.2.2　CAJS402 空气供给系统故障诊断参考答案

一、判断题

1—5　×√√√×　　6—10　××√××

11—15　×××√√　　16—20　×××××

21—25　××√√×　　26—30　××√√√

31—35　××××√　　36—40　√××√√

41—45　√√√×√　　46—50　×√√√√

51—55　××√√×　　56—60　√×√×√

61—65　××√××　　66—70　√√√×√

二、单选题

1—5　AADAA　　6—10　DBCCB

11—15　CBBBA　　16—20　AABBB

21—25　CCACA　　26—30　CABBB

三、多选题

1. BD　2. AD　3. ABC　4. BD　5. ABCD

6. AB　7. ABCD　8. ABD　9. ACD　10. ABC

1.2.3　CAJS403 燃油控制系统故障诊断参考答案

一、判断题

1—5　√××√√　　6—10　√√√×√

11—15　×√√√√　　16—20　×××√√

二、单选题

1—5　CBCCB　　6—10　BBABB

11—15 CAABA
16—20 DABBB
21—25 DCBCC
26—30 CBBAC
31—35 ABCAC
36—40 AAABB
41—45 ABBDA
46—50 BBAAC
51—55 ADBBB
56—60 BDBCC
61—65 ACBBA
66—70 AABBD
71—75 BDBBC
76—80 DCDCD

三、多选题

1. ABC 2. AB 3. ABCD 4. ABC 5. ABCD

6. AC 7. ABC 8. AC 9. ACD 10. BCD

1.2.4 CAJS404 点火系统故障诊断参考答案

一、判断题

1—5 √××√√
6—10 ×√√×√
11—15 ×√×√×
16—20 √√×××

二、单选题

1—5 ABDAC
6—10 CBABB
11—15 BBCAB
16—20 BBDAC
21—25 AACBC
26—30 BDCBB
31—35 BDCAD
36—40 BBBBD
41—45 BBBCB
46—50 BCACD
51—55 BCBAA
56—60 BCBBA
61—65 DCCCA
66—70 DDBAB
71—75 ACBCC
76—80 ADACB

三、多选题

1. ABCD 2. ABC 3. ABCD 4. ABCD 5. ABD

6. ACD 7. ABCD 8. ACD 9. ABC 10. ABD

1.2.5 CAJS405 辅助电控系统故障诊断参考答案

一、判断题

1—5 √√×√×
6—10 √√√×√
11—15 √√√√√
16—20 ×√√√√

二、单选题

1—5 ACDBC
6—10 CABCB
11—15 DADCD
16—20 BBACA
21—25 DCCDD
26—30 BDCAA
31—35 DCABA
36—40 DABDA
41—45 CCACB
46—50 BBCCA
51—55 CDBAC
56—60 DBADB

61—65 DCBBD 66—70 CBACA
71—75 CBCBB 76—80 ACBBD

三、多选题

1. ABD 2. BC 3. ABCD 4. ABCD 5. ABCD
6. ABC 7. ABCD 8. ABCD 9. ABD 10. AC

1.2.6 CAJS406 电控机械式自动变速器故障诊断参考答案

一、判断题

1—5 √×√×× 6—10 √×××√
11—15 ××√×× 16—20 √×√×√
21—25 √×√×× 26—30 √√√××
31—35 √√×√√ 36—40 ×√√√×
41—45 ×××√√ 46—50 ×√√××
51—55 √××√√ 56—60 √√×××
61—65 ×√××√ 66—70 ×××××

二、单选题

1—5 BDDAC 6—10 ADCBD
11—15 ACBDB 16—20 AAADC
21—25 CACBC 26—30 CABBD
31—35 BDADB 36—40 BADDA
41—45 BCDBC 46—50 DBBCD
51—55 CCDBC 56—60 CDDAA
61—65 BDDDC 66—70 DACDC
71—75 DCBBD 76—80 BCDAD
81—85 BBCCB 86—90 CDCBC
91—95 CCBBA

三、多选题

1. BC 2. CD 3. ABCD 4. AD 5. BD
6. CD 7. BCD 8. BD 9. AC 10. BC

1.2.7 CAJS407 车身电控系统故障诊断与维修参考答案

一、判断题

1—5 √√√×√ 6—10 √×√√√
11—15 ×√√√× 16—20 ×√××√
21—25 √√√√√ 26—30 √√×√√

二、单选题

1—5 BABCB 6—10 AAADA
11—15 CCADA 16—20 ABBCD
21—25 BAAAB 26—30 DACBA

31—35　DCBDD

36—40　AAACD

三、多选题

1. ABCD　2. ABCD　3. AB　4. ACD　5. ABCD

6. ABC　7. AC　8. ABD　9. ABD　10. ABC

1.2.8　CAJS408 辅助安全系统故障诊断参考答案

一、判断题

1—5　××√√×

6—10　××××√

11—15　√√√×√

16—20　√××××

21—25　××√××

26—30　√√√×√

二、单选题

1—5　CBDBD

6—10　BCBBB

11—15　DACAD

16—20　BCBBC

21—25　BCDAC

26—30　DDADC

31—35　CADCB

36—40　DCACA

41—45　DDCDC

46—50　DCDCC

三、多选题

1. AB　2. ABC　3. AC　4. BCD　5. ACD

6. ABC　7. ABC　8. ABC　9. AD　10. ABCD

2 五星技师认证考试题库

2.1 五星技师理论考试测试题库

2.1.1 CAJS501 长安商用车星级维修技师礼仪培训

一、判断题

1. 交谈礼仪是个人内在素质的体现,也是尊重他人和尊重自己的体现。 ( )

2. 能说会道的人,在任何场合都是受欢迎的交谈者。 ( )

3. 选择恰当的环境是交谈取得良好效果的前提。 ( )

4. "女士优先",并不是男士处处让女士走在前面,而是使妇女成为受尊重的对象,处处给予她们照顾。 ( )

5. 现代化的管理实践从来不赞成当面批评这种手段,因为这只会产生反作用,引起愤恨和不满,而不会有好的结果。 ( )

6. 员工在工作及外事活动中,必须衣着整洁、大方、庄重。如男士穿西服、皮鞋、打领带;女士着大方裙装,不得穿无袖上衣、超短裙、透明装、短裤、拖鞋等。 ( )

7. 员工日常用语要礼貌、诚恳、热情、大方,接待客人要主动、热情、不卑不亢,接打电话请先说:"您好",然后再礼貌询问和解答。 ( )

8. 员工在电梯里见面或与客人同乘时,应先点头示意或问候:"您好",下电梯时,请客人先行,示意或说:"请"。 ( )

9. 接送客人时应先问清楚客人的车次、班次及到站、到港时间,提前到达迎接。请客人上车,并坐自己右手边。 ( )

10. 陪同客人参观游览时,应热情、周到、详细介绍、解答客人感兴趣的问题。如客人提出不合理要求时,应委婉拒绝。 ( )

11. 握手时,与多人同时握手,可以交叉握手。 ( )

12. 与他人交谈完毕就可以立即转身离开。 ( )

13. 陪同客人乘无人管理的电梯,由客人先进入并按住开关。 ( )

14. 去别的办公室拜访要注意礼貌,经过许可,方可入内。切莫乱动别人的东西,最好坐在别人指定的位置上。逗留时间不应太长,以免影响他人工作。 ( )

15. 注目礼的距离以五步为宜,在距离一步时就要问候"您好,欢迎光临"等。 ( )

16. 引导有标准的礼仪手势,手要完全张开。 ( )

17. 服务人员与顾客的引导距离以左前方 1.5 m 为宜。 ( )

18. 礼仪是通过员工的仪容、仪表、言谈、举止、服务等形式美,使客人有宾至如归之感。 ( )

19. 站姿的基本要求:头正、肩平、臂垂、胸挺、腹收、腿直。 ( )

20. 得体的坐姿不应坐满座位，大体占据 1/3 的座位即可。（ ）

二、单选题（每题只有一个正确答案，请将正确答案的序号填入括号内）

1. 介绍时，有多个被介绍，应从（ ）开始按顺序介绍。
   A. 地位最高的开始一一介绍　　B. 从男士开始介绍
   C. 从年龄最大的开始介绍　　D. 从女士开始介绍
2. 陪同客人进出房门时，哪种表现是错误的？（ ）
   A. 若门是向外开，应先为客人开门，并站在外面让客人先进
   B. 若门是向内开，应自己先进去站在里面迎接
   C. 等开门了再进
   D. 热情微笑地在前面引导
3. 下列哪种举止是正确的？（ ）
   A. 打哈欠、伸懒腰　　B. 背对着客人
   C. 让客人把话说完　　D. 双手交叉放于胸前
4. 男子的步幅以（ ）cm 左右为宜？
   A. 30　　B. 35　　C. 40　　D. 45
5. 微笑时以露出（ ）颗牙为宜？
   A. 6　　B. 8　　C. 10　　D. 12
6. 鞠躬时以腰部为轴，整个腰及肩部向前倾斜（ ），目光向下。
   A. 5°～10°　　B. 40°～60°　　C. 15°～30°　　D. 20°～30°
7. 视线（ ）表现客观和理智。
   A. 向上　　B. 水平　　C. 向下　　D. 斜视
8. 递送文件时应该（ ）。
   A. 文字向着接收人的方向　　B. 文字向着递送人的方向
   C. 随便扔给对方　　D. 文字反向无所谓
9. 工号名牌应佩戴在左胸口正上方（ ）cm 处。
   A. 15　　B. 10　　C. 8　　D. 6
10. 在商务礼仪中，男士西服如果是两粒纽扣，那么纽扣的系法应为（ ）。
    A. 两粒都系　　B. 系上面一粒　　C. 系下面一粒　　D. 全部敞开
11. 如果开车的是专业的司机，请问以下哪个座位是最尊贵的？（ ）

司机		A
B	C	D

12. 以下不属于交际交往中宜选的话题是（ ）。
    A. 格调高雅的话题　　B. 哲学、历史的话题
    C. 对方擅长的话题　　D. 时尚流行的话题
13. 从事外事工作的人有一个特点，就是说话比较（ ）。
    A. 偏执　　B. 中庸　　C. 和善　　D. 以上都正确
14. 公务用车时，上座是（ ）。
    A. 后排右座　　B. 副驾驶

C. 司机后面之座　　D. 以上都不正确

15. 在商务交往过程中,务必要记住(　)。

A. 摆正位置　　B. 入乡随俗

C. 以对方为中心　　D. 以上都不正确

16. 打电话时谁先挂,交际礼仪给了一个规范的做法?(　)

A. 对方先挂　　B. 自己先挂

C. 地位高者先挂电话　　D. 以上都不正确

17. 出入无人控制的电梯时,陪同人员应(　)。

A. 先进后出　　B. 控制好开关钮

C. 以上都包括　　D. 以上都不正确

18. 西方人很重视礼物的包装,并且必须在什么时候打开礼物?(　)

A. 当面打开礼物　　B. 客人走后打开礼物

C. 随时都可以打开　　D. 以上都不正确

19. 从事服务行业的女性也不能留披肩发,其头发最长不应长于(　)。

A. 耳部　　B. 颈部　　C. 腰部　　D. 肩部

20. 无论是男士还是女士,出席重要场合,身上哪两种物品的颜色应该一致?(　)

A. 包与皮鞋　　B. 皮鞋与皮带

C. 包与帽子　　D. 以上都不正确

21. 在商务交往中,尤其应注意使用的称呼(　)。

A. 就低不就高　　B. 就高不就低

C. 适中　　D. 以上都不正确

22. 在接待客人中(客人第一次来),上下楼梯有时不可避免,下面符合正确商务礼仪的做法是(　)。

A. 上楼时让领导、来宾走在前方,下楼时则相反

B. 上楼时让领导、来宾走在后方,下楼时一样

C. 上下楼时都让领导、来宾走在前方

D. 女士走在男士前面

23. 参加日本人的婚礼时,有人送了一束白色的百合花,你觉得这种做法(　)。

A. 符合礼仪规范,因为白色百合花代表百年好合,爱情纯洁美好

B. 不符合礼仪规范,因为在日本,百合花只有在丧事时使用

C. 如果换成其他颜色或搭配一些其他类型祝愿类花就会更好

D. 不符合礼仪规范,应该送菊花

24. 在带领宾客参观时,作为一个引导者,在进出电梯时(有专人控制)你应做到(　)。

A. 放慢脚步,进电梯时让宾客先进入,出电梯时则相反

B. 加快脚步,进电梯时自己先进入,出电梯时则相反

C. 保持步伐,谁先进出都无所谓

D. 加快脚步,取得电梯控制权

25. 我们在与人交往中应避免问及女士的婚姻状况或年龄问题,因为这些问题违背了(　)。

A. 认清主客场原则　B. 尊重他人原则　C. 真诚原则　D. 适度原则

26. 在参加各种社交宴请宾客中，要注意从座椅的(　　)侧入座，动作应轻而缓，轻松自然。

A. 前侧　B. 左侧　C. 右侧　D. 随便哪侧

27. 在宴请中，应等(　　)坐定后，方可入座。

A. 主人　B. 长者　C. 女士　D. 客人

28. 中途需离开时，筷子暂时不用时应放在(　　)。

A. 插在碗里　B. 搁在餐碟边上　C. 放在碗上　D. 放在碗旁边

29. 用餐完毕时，刀叉摆放方法应该是(　　)。

A. 并排放在盘子上　B. 交叉放在盘子上

C. 随意放在桌子上　D. 并排放在桌子上

30. 握手有伸手先后的规矩：(　　)。

A. 晚辈与长辈握手，晚辈应先伸手

B. 男女同事之间握手，男士应先伸手

C. 主人与客人握手，一般是客人先伸手

D. 谁先伸手都行

31. 作为交谈一方的听众，下面哪一句话最入耳？(　　)

A. 你懂不懂呀　B. 你听懂没有

C. 你听明白没有　D. 我说清楚了吗

32. 穿着西装，纽扣的扣法很有讲究，穿(　　)西装，不管在什么场合，一般都要将扣子全部扣上，否则会被认为轻浮不稳重。

A. 两粒扣　B. 三粒扣　C. 单排扣　D. 双排扣

33. 在正式场合，男士穿的西服有 3 颗纽扣时，只能扣(　　)。

A. 下面 1 颗　B. 中间 1 颗　C. 上面 1 颗　D. 3 颗都扣

34. 在正式场合，女士不化妆会被认为是不礼貌的，若必须适当补妆，在(　　)不能补妆。

A. 办公室　B. 洗手间　C. 公共场所　D. 盥洗室

35. 服务人员招呼别人时，应该(　　)。

A. 掌心向下　B. 掌心向上　C. 手掌直立　D. 握拳

36. 服务人员岗前培训的重要科目之一是(　　)。

A. 微笑　B. 握手　C. 站立　D. 蹲姿

37. 穿西服时，最理想的衬衫颜色是(　　)。

A. 蓝色　B. 白色　C. 灰色　D. 咖啡色

38. 穿西服套裙时，应(　　)。

A. 穿短袜　B. 穿彩色丝袜　C. 光腿　D. 穿肉色长筒丝袜

39. 男士与妇女握手时，应只轻轻握一下妇女的(　　)。

A. 指尖　B. 手掌　C. 手指　D. 手腕

40. 握手的全部时间应控制在(　　)s 以内。

A. 1　B. 3　C. 5　D. 7

41. 中国古代记录礼仪言行的书不包括(　　)。

A.《论语》　　B.《礼记》

C.《中国古代礼仪》　　D.《大学》

42. 人们都说人与人交往第一印象非常重要,在(　　)s 之内可以对陌生人有个大体印象。

A. 10　　B. 20　　C. 30　　D. 40

43. 一个公司成功的关键是(　　)。

A. 诚信　　B. 互助　　C. 合作　　D. 共赢

44. 有时候说者无意而听者有意,我们在与人交往沟通时不应(　　)。

A. 言语礼貌　　B. 注重眼神间的交流　　C. 举止优雅　　D. 行为浮夸

45. 细节往往决定成败,在这个经济文化全球化的时代,各国人民友好往来走上了合作发展共赢互惠的局面,当我们与外国朋友相处时应遵循的原则是(　　)。

A. 尊重对方

B. 到了他乡就应该让外国朋友入乡随俗

C. 对西方的礼节努力遵循

D. 在友好和睦的前提下双方都应学会理解包容与接受让对方感到轻松舒适

46. 英国历来接受着传统悠久的礼仪文化熏陶,他们常常会做到女士优先的原则来对待他人,在一些细节方面可以体现,不包括(　　)。

A. 女士进客厅,客厅内的男士都应站起来表示尊重

B. 男士与女士一起过马路,男士要走在女士身边靠来车方向的一侧

C. 男女一同进房间,男士要为女士开门

D. 一名男士和两名女士一起走路,男士不应走在中间

47. 在许多服务行业,人们特别重视礼仪。但是,在日常行为规范中,人们又会不以为意,一个有理想有抱负的人,他应注重自己的仪表,不包括(　　)。

A. 外在特征　　B. 内外素质　　C. 外貌、外表　　D. 戴有名贵的首饰

48. 20 世纪 60 年代,日本人提出了场合着装的“TPO”原则,不包括(　　)。

A. Time　　B. Place　　C. Objective　　D. Occasion

49. 出席正式场合时,男士和女士都要穿正式的西装或制服,成功男士的西装非常讲究(　　)。

A. 布料　　B. 剪裁　　C. 质量　　D. 做工

50. 正式场合,男士穿西装要讲究的不包括(　　)。

A. 首先务必拆除衣袖上的商标　　B. 衣服要烫熨平整,不卷不挽

C. 西服口袋应不装或少装东西　　D. 不用注意纽扣扣法

51. 西装的纽扣扣法不包括(　　)。

A. 站立时,尤其是在大庭广众之前起身而立的时候,西装上衣纽扣应当系上,以示尊重

B. 就坐之后,西装上衣理应不解开

C. 系西装上衣纽扣时应注意,单排扣上衣与双排扣上衣的区别

D. 单排两颗扣,扣上不扣下;单排三颗扣,只扣中间一颗或上面两颗;双排扣,全扣上

52. 衬衫的要求规范不包括(　　)。

A. 正装衬衫与西服配套,应选择单色无任何图案为宜

B. 穿着衬衫应注意:衣扣要系上,袖长应适度,袖领口长于西服 1 ~ 3 cm,下摆要掖入裤腰内,衬衫大小要合身

C. 衬衫的颜色可以多样,但以白色最佳

D. 衬衫可以多穿几次洗一次

53. 领带的规范佩戴要求不包括(　　)。

A. 领带的颜色要注意与西装衬衫颜色搭配,尤其是领带要与衬衫统一色系

B. 暖色的衬衫配暖色的领带,冷色的衬衫配冷色的领带

C. 衬衫上有条纹或格子,领带就不要有条纹或格子,或仅有含蓄的条纹或格子

D. 丝质的领带是上班的唯一选择

54. 领带的打法应注意的不满足选项是(　　)。

A. 打结要求挺括端正　　B. 外观要注意呈倒三角形

C. 领带的长度应注意到皮带扣处为宜　　D. 领带有多种打法

55. 领带的保养应注意避免(　　)。

A. 使用过后请立即解开领结,并轻轻从结口解下

B. 解开结口后,应对折平放或用领口架吊起来

C. 开车系安全带时将领带绑于安全带内

D. 同一领带戴完一次应隔几天再戴置于潮湿温暖的场所

56. 职业女性穿着套裙会使其精神倍增、神采突变凸显女士的气质和精神美。女士套裙着装规范要求不包括(　　)。

A. 职业女性应选择保守经典的款式,而不是过于时尚

B. 重要的是面料要好,做工精细,剪裁合体,能扬长避短

C. 套裙适当搭配丝巾、胸针、领花

D. 职业女性着套裙应注意套裙大小适度,穿着不用注重场合

57. 鞋袜的规范穿着要求不包括(　　)。

A. 穿套裙一般搭配黑色皮鞋或与套裙颜色相近的皮鞋

B. 皮鞋可以有图案或者过多装饰

C. 袜子以单色的肉色为佳,高筒袜和连裤袜为标准搭配

D. 穿着鞋袜应注意大小适宜,完好无损不可当众脱下袜口,不可暴露在外,丝袜要无皱无脱丝

58. 职业着装务必(　　)。

A. 杂乱鲜艳　　B. 大方得体　　C. 暴露透视　　D. 怪异紧身

59. 化妆是对对方的一种尊重,发型和妆容都很重要。我们需要注意发型和妆容与场合的适宜,以下选项不应当注意的是(　　)。

A. 男士头发要清洁,长度要适宜,前不及眉、旁不遮耳、后不及衣领

B. 男士可以留长发,大鬓角不留络腮胡子和小胡子

C. 女士头发不能披肩遮眼、不留怪异的新潮发型,要在不同场合化合适的妆容

D. 发型的选择要符合自己的职业

60. 俗话说“三分人才,七分打扮”,美容就是通过丰富的化妆品和工具对脸部进行修饰以

达到美容的目的,男士、女士化妆的注意事项错误的是(　　)。

A. 男士妆容以整洁和反映男士自然具有的肤色、五官轮廓和气度为佳

B. 男士面部和手部情节护理,男士应注意清洁面部、勤刮胡须、勤剪鼻毛、勤洗手、勤修剪指甲,清洗面、手后涂护肤品

C. 女士职业淡妆的化妆步骤为打底粉—描眼线—画眉毛—摸腮红—涂口红

D. 高明的化妆,既要显出漂亮的仪表,又要不露人工痕迹,美丽淡雅

61. 与形成仪容和良好的卫生习惯无关的是(　　)。

A. 注意公共场合的良好卫生习惯

B. 定期检查仪容

C. 注意指甲的修剪

D. 塑造良好的职业形象,展示仪表风度之美,离不开仪容美

62. 表情礼仪训练注意事项不包括(　　)。

A. 开怀大笑　　　　B. 眼神训练

C. 接触时间,接触方向　　　　D. 瞳孔的变化

63. 姿态是人体的一种无声语言,不同的姿态显示着人体不同的精神状态和礼仪教养,包括站立、行走、做手势,商务人员必须要有良好的姿态,以下说法不正确的是(　　)。

A. 从体态直觉人的内心世界,把握人的本来面目往往具有相当的准确性和可靠性

B. 仪态的礼仪功能在于表达简洁、生动、真实、形象、自然的个人形象

C. 姿态塑造的目的不是为了打造美好的高素质的职业形象

D. 姿态礼仪的基本要求是举止端庄稳重、落落大方、自然优美

64. 站姿训练中应注意的问题不包括(　　)。

A. 不能有歪头、斜眼、缩脖、耸肩、塌腰、挺腹、屈腿的现象

B. 不能有叉腰、两手抱胸或插入衣袋的现象

C. 身体有歪斜、晃动、脚抖动的现象

D. 面部表情不能太僵硬,精神不能萎靡,也不能身体僵硬,重心下沉

65. 坐姿也是举止的主要内容之一,是身体的一种静态造型,下列有关坐姿训练基本要求不正确的是(　　)。

A. 入座时不用轻稳

B. 臀部坐在椅子的1/2或2/3处

C. 两手分别放在膝上(女士双手可叠放在左膝或右膝),双目平视,下颌微收,面带微笑

D. 离座时要自然稳当,右脚向后收半步,然后起立,起立后右脚与左脚并起

66. 男士常见的坐姿,其中不正确的是(　　)。

A. 前伸式　　B. 侧身前伸式　　C. 标准式重叠式　D. 跷二郎腿

67. 规范的走姿以端正的站姿为基础,走姿的基本要求不包括(　　)。

A. 双肩平整,以肩关节为轴,双臂前后自然摆动,摆幅以30°~35°为宜,手臂外开不超过30°

B. 身挺直,头正,挺胸,收腹,立腰,重心稍向前倾,提臀曲大腿带动小腿向前迈

C. 注意步位,步幅适当

D. 女士穿裙装时，步幅可以过大，两角内侧不用落在一条直线上

68. 常见的走姿训练，不应该（　　）。

A. 标准走姿应做到：避免走路时前俯、后仰或脚尖向外，向内呈外八字、内八字的走幅，步幅太小或双手反背

B. 平行步走姿的注意要点是收腹，两眼平视前方，下颚微收，两臂前后摆动，两手离支撑腿的距离为 15 ~20 cm，肘关节微屈

C. 训练初期，在地面上画好几根直线，练习者以立正姿势站好，出左脚时，脚跟着地，落于离直线 5 cm 处，迅速过渡到脚尖，脚尖稍向外，右脚动作同左脚，注意立腰、挺胸、展肩

D. 女士一步走姿要领，行走时两脚内侧不在一条直线上。两臂自然摆动，前摆后摆距离相等，手半握拳，立腰，挺胸，沉肩，收腹，肩后展，两眼平视前方，头正，微收下颚，注意左右送髋时，上体保持平稳，不可左右摇摆

69. 蹲姿不包括（　　）。

A. 高低式蹲姿　　B. 拉叠式蹲姿　　C. 提议式蹲姿　　D. 半跪式蹲姿

70. 蹲姿练习方法错误的是（　　）。

A. 在站立的基础上，右脚后退一小步，两腿靠紧下蹲，保持脊背挺直下蹲，左腿高右腿低，再将左手放在左腿上，右手拾取地上的物品，然后小腿和脚用力平稳起身

B. 蹲下时目光要有所示意，动作保持一贯的频率不能生硬下蹲

C. 高低式蹲姿虽然两膝不能完全并拢，但女士两腿要尽量并紧，穿旗袍和职业短裙时，两腿之间不能留有空隙

D. 由蹲姿变为站姿时，用手撑起大腿站起

71. 手势是商业服务工作中极富表现力的一种体态语言，是通过手和手指活动传递信息的，不同的手势具有不同含义，下列做法错误的是（　　）。

A. 伸出拇指向上，在欧美国家表示好、赞同，中国表示称赞，日本表示老爷子

B. 拇指向下大多表示赞同

C. 食指上指，中国表示 1，欧美代表打招呼，法国代表提问，而澳大利亚则表示给我一杯酒

D. 商业人员正确的掌握和运用手势，可增强感情的表达，提高服务效果

72. 手势的基本形式不包括（　　）。

A. 横摆式　　B. 摇摆臂式　　C. 曲臂式　　D. 双臂横摆式

73. 在三位手势训练中，高位、中位、低位手势是有区别的，下列举例错误的是（　　）。

A. 请进，引导用中位手势　　B. 请坐用低位手势

C. 请往高处看用低位手势　　D. 里边请采用中位手势

74. 称呼是人与人交往中使用的称谓，用以指代某人或引起某人的注意，是表达人的不同情感的重要手段，不包括（　　）。

A. 昵称　　B. 职务称　　C. 姓名称　　D. 亲属称

75. 握手是世界通用的礼节，商务人员必须学会正确地握手，掌握其要领。握手的注意事项不包括（　　）。

A. 握手的姿态　　B. 握手的顺序　　C. 握手的目的　　D. 握手的时间

76. 握手应注意的问题,下列错误的是(　　)。

A. 握手时应伸出右手而不是双手或左手,不能放另一只手在口袋中

B. 多人握手时从左开始依次握手可以交叉握手

C. 握手时应站立,如有人和你握手,应马上站起来

D. 不能戴手套握手和一边握手一边目视并与第三者说话表示对别人的不尊重

77. 鞠躬即弯腰行礼,源于中国的商代,是一种古老而文明的对他人表示尊重的郑重礼节,鞠躬行礼在东亚国家流传甚广,尤其是朝鲜、韩国和日本,下列有关鞠躬行礼的基本要求说法不正确的是(　　)。

A. 立正站好,保持身体端正,距受礼者 2 ~ 3 步

B. 鞠躬时双手放在身体两侧或在身体前搭好(右手搭在左手上)面带微笑

C. 目光随身体向下,同时问候"你好""欢迎光临"鞠躬礼毕起身时,双目不用注视对方

D. 通常,受礼者应与施礼者的上体前倾幅度大致相同的鞠躬还礼,上级或长辈还礼则欠身还礼或握手还礼

78. 介绍礼仪中,介绍第三者时需要介绍的不包括(　　)。

A. 介绍对方的姓名、职务、单位　　B. 先介绍尊者

C. 采用中位手势,指示被介绍的一方　　D. 注意介绍的内容顺序方式

79. 在进行自我介绍时,需要注意的不包括(　　)。

A. 注意时间

B. 讲究态度

C. 真实诚恳

D. 自我介绍时,不用先向对方点头致意得到对方回应后再介绍自己

80. 递物与接物是人们工作、生活、社交活动中常常用到的一种礼仪行为,虽然过程很短暂但也能体现一个人的教养,下列说法不正确的是(　　)。

A. 递送名片时,地位低的人向地位高的人递名片,男士向女士递名片的同时应说"我是×××,这是我的名片,请多关照"之类的客套话

B. 接受他人名片时要起身或欠身,面带微笑恭敬地用双手的拇指和食指接住名片下方两角,并轻声说:"谢谢""久仰大名"等

C. 接过名片后把名片随意乱放

D. 递接其他物品都要恭恭敬敬地双手递上,也要恭恭敬敬地接下来,并致谢

2.1.2　CAJS502 客户关系管理培训

一、判断题

1. 客户关系管理是满足客户需求、提升企业收益的经营策略。(　　)

2. 客户关系管理注重的是企业的服务流程,企业的经营是以企业为中心,而不是以客户为中心。(　　)

3. 现阶段服务营销已成为企业所关注的重点。(　　)

4. 客户满意度是客户关系管理的核心,不是降低成本和提升利润的重要手段。(　　)

5. 客户更愿意在那些他们认为服务满意的企业进行维修、保养。(　　)

6. 成交客户回访的目的不是为了营造口碑效应,扩大销售。 (　　)

7. 发展新的客户比留住忠诚度高的老客户更有价值。 (　　)

8. 企业如果将其客户流失率降低1%,其利润能增加20%~50%。 (　　)

9. 我们提到的客户关怀,主要是指购买前的客户关怀。 (　　)

10. 客户关怀的原则:提高客户忠诚度,保留优质客户。 (　　)

11. 一次修复率(FFV)是指企业在一段时间内,客户车辆首次进厂即得到满意的维修服务的车辆数 a 与进厂维修总量 b 的百分比:$FFV = a/b \times 100\%$。 (　　)

12. 企业可通过降低一次修复率和提高返修率(FNV)来提高客户满意度。 (　　)

13. 显著并持久地降低返修率,就是提高客户满意度的有效途径。 (　　)

14. 积极努力去挽回因为对一次服务体验不满而流失的客户,没有任何意义。 (　　)

15. 服务补救中的跟踪是组织获得了一次对补救计划自我评价的机会,以识别哪些环节需要改进。 (　　)

16. 企业向客户公开表述要达到的服务质量和服务效率不必兑现。 (　　)

17. 客户关系的发展是一成不变的。 (　　)

18. 并非所有的客户都是好客户,客户之间存在的价值差别很大。 (　　)

19. 企业人员可根据收集本企业和核心竞争对手的客户相关数据资料,列出客户使用本企业的车型与同级别核心竞争对手的车型的各种利益与成本。 (　　)

20. 通过客户回访并不能准确地掌握每一个客户的基本情况及维修动向。 (　　)

二、单选题(每题只有一个正确答案,请将正确答案的序号填入括号内)

1. 客户关系管理是一种(　　)的新型商业模式。

A. 以客户为中心　　B. 以产品为中心

C. 以销售为中心　　D. 以服务为中心

2. 在客户关系生命周期内,客户的价值与(　　)无关。

A. 累计购买的产品或服务的总金额　　B. 产品成本

C. 关系营销费用　　D. 促销活动

3. 一般情况下,一个忠诚度较高的老客户比一个新客户给企业带来的客户价值(　　)。

A. 更高　　B. 更低　　C. 相同　　D. 无法对比

4. SSI 调查是(　　)调查。

A. 销售满意度　　B. 服务满意度　　C. 购买决策　　D. 购买行为

5. CSI 调查是(　　)调查。

A. 销售满意度　　B. 服务满意度　　C. 购买决策　　D. 购买行为

6. 进站服务台次、服务产值与服务满意度成绩的关系是(　　)。

A. 不相关　　B. 负相关　　C. 正相关　　D. 有一定关系

7. 基于客户关系管理的汽车企业组织组建时,以下不考虑的因素是(　　)。

A. 组织的扁平化

B. 组织体系要求以客户需求为中心

C. 以数据信息资源的共享和技术优势为依托,按照开放性、实时性、主动性,适于实施与客户交互式的原则来设计全员参与的组织结构

D. 组织人事制度

8. 下列不属于客户关怀流程的是(　　)。

A. 潜在客户跟踪关怀流程　　B. 成交客户常态关怀流程

C. 客户异议处理流程　　D. 客户试乘试驾流程

9. 下列(　　)不是客户异议处理流程带来的好处。

A. 维护客户的正当利益,恢复客户对产品的信赖感

B. 改进产品和服务质量

C. 降低客户满意度

D. 提升企业和产品的形象

10. 著名的等式 10 - 1 = 0 则告诉我们,流失一个老客户的损失,需要争取(　　)个新客户才能弥补。

A. 10　　B. 100　　C. 9　　D. 8

11. 下列哪项不是目前大部分企业的客户关系管理部门存在的问题?(　　)

A. 工作人员配备过少　　B. 主要应付主机厂的工作要求

C. 工作人员消极怠工　　D. 工作流于形式

12. 下列(　　)与其他客户分类标准不一样。

A. 最有价值客户　　B. 最具成长性客户　　C. 潜在客户　　D. 负值客户

13. 下列哪项不属于与顾客的沟通?(　　)

A. 日常拜访　　B. 事件沟通　　C. 处理投诉　　D. 服务失误归因

14. 下列哪项不属于客户关怀方式?(　　)

A. 服务过程中的正面接触和沟通　　B. 电话

C. 送油卡　　D. 直邮

15. 服务人员良好的心态就是最好的客户关怀,下列哪项不属于服务人员良好的心态?(　　)。

A. 一个微笑　　B. 一声责问　　C. 一杯茶水　　D. 一声问候

16. 下列不属于不定期的情感关怀(增值服务)内容的是(　　)。

A. 车主互动交流活动　　B. 驾驶证有效期提醒

C. 安全驾驶讲堂、DIY 维修检测讲堂　　D. 车主自驾游、节油竞赛、旅游

17. FFV 是(　　)。

A. 一次修复率　　B. 两次修复率　　C. 三次修复率　　D. 四次修复率

18. FNV 是(　　)。

A. 返修率　　B. 修复率　　C. 满意率　　D. 忠诚率

19. 客户满意度与 FFV(　　)。

A. 成反比　　B. 成正比　　C. 不成比例　　D. 负相关

20. 进行客户流失分析时,以下不用分析的是(　　)。

A. 客户身高　　B. 客户区域分布　　C. 职业　　D. 车型

21. 客户未到店保养的原因不可能是(　　)。

A. 售后服务过程不满意　　B. 维修保养结果不满意

C. 服务结算费用不满意　　D. 服务站交通便利

22. 客户流向不可能是(　　)。

A. 同城、同品牌其他店　　B. 竞争对手特许维修中心

C. 社会维修服务企业　　D. 家电维修中心

23. 有研究表明,客户流失率降低 5%,组织利润就会(　　)。

A. 增加 5%　　B. 翻一番　　C. 增加 50%　　D. 增加 10%

24. 下列不属于客户关系生命周期阶段的是(　　)。

A. 考察期　　B. 形成期　　C. 衰退期　　D. 稳定期

25. 客户关系形成期顾客的基本期望是(　　)。

A. 个性化对待的服务　　B. 比其他品牌更优质的产品和服务

C. 一对一的差异化服务　　D. 优质的车辆和服务

26. 客户关系稳定期提升客户忠诚最有效的办法是(　　)。

A. 让客户参与企业的管理和改进,充分给予认可和奖励

B. 送礼品　　C. 维修保养优惠　　D. 请吃喝

27. 客户的分级管理实质上实施的是(　　)服务。

A. 差别化　　B. 标准化　　C. 规范化　　D. 一致化

28. 下列不属于客户细分方法的是(　　)。

A. 分类法　　B. 数据挖掘　　C. 关联法　　D. 聚类法

29. 下列不属于售后服务满意度关键因子的是(　　)。

A. 服务启动　　B. 服务顾问　　C. 经销商设施　　D. 销售人员

30. 售后服务满意度关键因子中不属于服务顾问因子要素的是(　　)。

A. 礼貌　　B. 维修保养便利　　C. 解释详细　　D. 有求必应

31. 售后服务满意度关键因子中不属于服务质量因子要素的是(　　)。

A. 完成维修保养的时间　　B. 维修保养后车况良好

C. 维修保养彻底　　D. 收费合理

32. 下列不属于客户回访的作用是(　　)。

A. 可定制化生产

B. 发现自身存在的不足,及时改进提高,提高客户满意度

C. 在基盘客户中不断发现与培养企业的优质客户

D. 了解客户需求,便于为客户提供更多、更优质的增值服务

33. 对"回访信息进行阶段性汇总公示"表述不正确的是(　　)。

A. 可以展示企业改善的阶段性成果

B. 部分回访素材也可成为企业培训的经典案例

C. 可以增加客户关系管理部门的收入

D. 可以对员工起到警示与激励作用

34. 回访工作中,如遇到客户的重大质量投诉,回访人员不正确的做法是(　　)。

A. 详细记录客户的原话与车辆信息　　B. 大事化小

C. 积极做好应对措施予以补救　　D. 立即通知现场主管或企业高层

35. 售后回访中应注意(　　)。

A. 不用考虑回访人员的情绪

B. 应使用推荐的介绍,进行正面引导、提醒

C. 为提高效率,尽可能地加快语速

D. 对啰嗦的顾客尽早打断其讲话

36. 有统计数据表明,在不满意的客户中,有(　　)的客户会采取公开的投诉方式。

A. 4%　　B. 14%　　C. 24%　　D. 50%

37. 下列不属于处理抱怨的制度和业务流程的是(　　)。

A. 规定对客户抱怨的响应时间　　B. 对抱怨顾客以暴制暴

C. 顾客抱怨趋势分析　　D. 顾客抱怨处理方式

38. 下列不属于服务投诉的是(　　)。

A. 更改配置　　B. 保养问题　　C. 服务态度　　D. 维修质量

39. 受理客户投诉时服务人员不应该(　　)。

A. 保持良好的心态　　B. 运用沟通技巧积极地与客户沟通

C. 收集信息　　D. 故意拖延不作为

40. 下列不属于跟踪服务的形式有(　　)。

A. 电话　　B. 拦截访问　　C. 微信　　D. 面访

41. 站在企业的角度,对投诉处理一般有如下要求(　　)。

A. 处理的具体过程　　B. 时间　　C. 处理结果反馈　　D. 态度

42. 下列不属于客户投诉渠道的是(　　)。

A. 客户联络中心　　B. 汽车论坛　　C. 街道办事处　　D. 消费者协会

43. 客户投诉中不属于客户关怀的是(　　)。

A. 关注细节和客户感受　　B. 换位思考

C. 态度冷淡　　D. 语言亲切

44. 化解客户抱怨问题不可采取的措施是(　　)。

A. 赠送保养　　B. 归因于客户本人

C. 赠送维修代金券　　D. 邀请客户加入俱乐部

45. 对服务过程失败,技术服务部门介入的时间点是(　　)。

A. 客户负面情绪产生后　　B. 客户负面情绪产生前

C. 客户离店后　　D. 客户离店前

46. 对服务过程失败,技术服务部门介入手段主要是(　　)。

A. 通过中间人调解　　B. 与顾客见面约谈

C. 通过回访人员　　D. 通过客服人员

47. 对服务结果失败,技术服务部门介入的时间点是(　　)。

A. 客户负面情绪产生后　　B. 客户负面情绪产生前

C. 客户离店后　　D. 客户离店前

48. 对服务结果失败,技术服务部门介入手段主要是(　　)。

A. 通过中间人调解　　B. 与顾客见面约谈

C. 通过回访人员　　D. 通过客服人员

49. 对服务结果失败,技术服务部门介入的工作内容是(　　)。

A. 积极与客户商讨补救方案　　B. 协同客服解释、沟通

C. 主动提出补救措施　　D. 不向上级汇报,自行处理

C. 没有更好的绩效奖励机制,仅参考制造企业对公司的考核制度
D. 与客户的沟通和关怀非常有效

75. 下列不属于常态客户关怀的内容有(　　)。
A. 常见的维修项目提醒　B. 新车降级促销通知
C. 公司促销活动、服务活动的信息传递　D. 首保和定期养护的提醒

76. 客户流失分析中,首先要(　　)。
A. 电话访问　B. 对流失对象进行消费行为分析
C. 登门拜访　D. 筛选客户流失调查的对象

77. 下列不属于服务补救步骤有(　　)。
A. 失误归因　B. 紧急复原
C. 道歉　D. 象征性赎罪和跟踪

78. 回访信息处理工作应把握的原则没有(　　)。
A. 客户服务部没有义务保障回访信息的真实性
B. 客户服务部应将回访信息进行阶段性汇总公示
C. 回访信息应成为企业改善的重要依据
D. 在回访工作中如遇到客户的重大质量投诉,回访人员应详细记录客户的原话与车辆信息,并立即通知现场主管或企业高层

79. 下列不属于技术服务部门在客户关系管理中的作用有(　　)。
A. 客户与制造企业之间的沟通桥梁　B. 支撑客户满意度的重要基础
C. 不能起到处理回访信息的支撑作用　D. 能指导回访人员更好完成工作

80. 售后服务过程中,客户投诉主要集中在(　　)。
A. 销售　B. 服务　C. 配件　D. 质量　E. 以上都正确

2.1.3 CAJS503 汽车维修行业相关法律

一、判断题

1. 未成年人实施的民事法律行为均无效。(　　)

2. 可撤销的民事法律行为撤销后自始无效。(　　)

3. 自然人甲乙之间签订一份月息5分(年利率60%)的借款合同,该合同属于部分有效、部分无效的合同。(　　)

4. 小女孩甲(8岁)与小男孩乙(12岁)放学后结伴回家。一日,甲对乙说:“听说我们回家途中的王家昨日买了一条狗,我们能否绕道回家?”乙说:“不要怕!被狗咬了我负责。”后甲和乙路经王家同时被狗咬伤住院,则王家承担全部的赔偿责任。(　　)

5. 用人单位违反《劳动合同法》规定,以担保或者其他名义向劳动者收取财物的,由劳动行政部门责令限期退还劳动者本人,并以每人500元以上2 000元以下的标准处以罚款。(　　)

6. 用人单位安排加班不支付加班费的,由劳动行政部门责令限期支付。逾期不支付的,由劳动行政部门责令用人单位按应付金额50%以上100%以下的标准向劳动者加付赔偿金。(　　)

7. 劳动合同依法被确认无效,给对方造成损害的,用人单位应当承担赔偿责任。(　　)

8. 用人单位以暴力、威胁或者非法限制人身自由的手段强迫劳动,构成犯罪的,应由用人单位和直接责任人员承担刑事责任。 ( )

9. 用人单位招用与其他用人单位尚未解除或者终止劳动合同的劳动者,给其他用人单位造成损失的,应当承担违约赔偿责任。 ( )

10. 县级以上人民政府劳动行政部门会同工会和企业方面代表,建立健全职工代表大会制度,共同研究解决有关劳动关系的重大问题。 ( )

11. 竞业限制的人员限于用人单位的高级管理人员、高级技术人员和其他负有保密义务的人员。 ( )

12. "三包"有效期内,符合更换条件的,无同品牌同型号家用汽车产品更换的,销售者应及时向消费者更换可以低于原车配置的家用汽车产品。 ( )

13. 在整车"三包"有效期内,修理商应提供电话咨询服务电话,无法解决的,应当开展现场修理服务,承担合理的车辆拖运。 ( )

14. 家用汽车产品的"三包"有效期自销售商开具购车发票之日起计算。 ( )

15. 60 天或者 3 000 km 以内,如果出现严重安全性能故障,消费者可选择退货、更换或者修理。 ( )

16. 在 2 年或 5 万 km 内,累计更换总成 3 次后,仍不能正常使用的,销售商应负责为消费者退货。 ( )

17. "三包"凭证中明示的发动机变速器的主要零部件名称由制造商明示在"三包"凭证上。 ( )

18. 全车玻璃质保期为 3 个月或 5 000 km。 ( )

19. 超过 2 年或 50 000 km(整车质保 3 年或 60 000 km),就进入汽车保修期。 ( )

20. 汽车"三包"争议经协商或者调解无法达成一致的,当事双方可以依法申请仲裁,也可以直接向消协起诉。 ( )

二、单选题(每题只有一个正确答案,请将正确答案的序号填入括号内)

1. 下列现象中,违反民法平等原则的是( )。

A. 甲公民(年满 25 周岁)可以结婚,而乙公民(13 周岁)不能结婚

B. 甲公民(经登记为综合类证券公司)可以从事证券经纪业务,而乙公司(登记为房地产公司)则不能从事证券经纪业务

C. 国家税务机关可以在税收征收法律关系中使用强制手段,无视纳税人的意识而依法进行税收征收

D. 某市国家管理干部认为,在本市建筑工程的招标投标中,市委领导的亲戚具有优先的中标权利

2. 我国自然人从( )到死亡时止,具有民事权利能力,依法享有民事权利,承担民事义务。

A. 年满 18 岁起　　B. 年满 16 岁起　　C. 年满 10 岁起　　D. 出生时起

3. 王家为孙子王晓过生日,却为确定出生日期犯愁。王晓的母亲记得儿子是 8 月 28 日晚出生,医院的接生记录簿上记载的是 8 月 29 日,出生证上记载的是 8 月 30 日,而户口簿上记载的是 9 月 1 日。依照有关法律,王晓的出生时间应以哪一日期为准?( )

A. 8 月 28 日　　B. 8 月 29 日　　C. 8 月 30 日　　D. 9 月 1 日

4. 甲婚后因夫妻关系不和患了精神病，一家人对甲的监护问题相互推诿，此时应由（　　）担任监护人。

A. 甲的妻子　　B. 甲的父母　　C. 甲的兄弟　　D. 甲的叔叔

5. 某有限责任公司总部在重庆，在北京、上海、南京设有 3 个办事处，则此公司的住所地为（　　）。

A. 北京　　B. 重庆　　C. 上海　　D. 南京

6. 依照法律或法人章程规定，代表法人行使职权的负责人为（　　）。

A. 法定代理人　　B. 法定代表人　　C. 指定代理人　　D. 委托代理人

7. 自然人在战争中下落不明，其家属要申请宣告死亡，必须在（　　）。

A. 下落不明满 4 年后　　B. 下落不明满 2 年后

C. 战争结束之日或者有关机关确定的下落不明之日起满 4 年后

D. 从战争结束时起满 2 年后

8. 刘某出海打鱼，因遇台风下落不明。现其妻王某向法院申请宣告刘某失踪。因刘某失踪后，王某与他人姘居，并与姘夫合用家中财产，在确定刘某的财产代管人时，刘某父母与王某发生争议。本案中法院应依法指定谁为财产代管人？（　　）

A. 王某，理由是王某提出了宣告失踪的申请

B. 王某，理由是王某是刘某失踪后的第一顺序的财产代管人

C. 刘某的父母，理由是若指定王某则不利于保护刘某的财产

D. 王某和刘某的父母，理由是他（她）们均为法律规定的财产代管人

9. 甲被宣告死亡后，其妻乙与丙恋爱。一年后，甲的父母和乙均得知甲仍然在世，甲的父母向人民法院申请撤销对甲的死亡宣告。甲的死亡宣告被撤销后，乙因为与丙正准备结婚，便向原婚姻登记机关递交了不愿自动恢复婚姻关系的书面声明，则因甲的死亡宣告被撤销，甲与乙的婚姻关系（　　）。

A. 视为自行恢复　　B. 经甲同意自行恢复

C. 不得自行恢复　　D. 经乙同意自行恢复

10. 下列选项中，可成为民法上的物的有（　　）。

A. 日月星辰　　B. 镶在人嘴里的金牙

C. 商标　　D. 放在桌上的假牙

11. 下列不属于自然孳息的是（　　）。

A. 宰牛而获得的牛肉　　B. 母鸡产下的鸡蛋

C. 母牛产下的小牛　　D. 羊身上的羊毛

12. 下列各项中不能引起委托代理关系终止的原因是（　　）。

A. 被代理人取消委托　　B. 被代理人死亡

C. 代理人辞去代理　　D. 代理人死亡

13. 立新学校委托办公室王某购买汽车一辆。王某到汽车销售公司购买时，正好该公司举行有奖销售，规定购买汽车一辆可得到奖券一张。王某抽得一等奖，获彩色电视机一台，该电视机应当（　　）。

A. 归立新学校所有

B. 归立新学校所有，但应当给王某以适当补偿

C. 归王某所有　　D. 归立新学校和王某共有

14. 张某是某企业的销售人员,随身携带盖有该企业公章的空白合同书,便于对外签约。后张某因收取回扣被企业除名,但空白合同书未被该企业收回。张某以此合同书与他人签订购销协议,问:该购销协议的性质应如何认定?(　　)

A. 不成立　　B. 无效

C. 可撤销　　D. 成立并生效

15. 下列行为中,哪项属于默示的民事法律行为?(　　)

A. 租期届满后,承租人继续交付租金,出租人继续收取租金

B. 代理期限届满后,委托人没有继续委托,而代理人仍然进行代理行为

C. 甲向乙提出书面要约,双方在此之前未有联系。甲在要约中明确提出,若乙方不在1个月内提出反对意见,视为同意。乙始终保持沉默

D. 甲向妻子乙提出离婚,乙沉默,后甲以乙的此行为要求法院判决离婚

16. 甲将其汽车借给乙使用,乙却将该车卖给丙。依据我国《合同法》及相关司法解释的规定,下列关于乙丙之间买卖汽车的合同效力的表述正确的是(　　)。

A. 无效　　B. 有效

C. 效力待定　　D. 可变更或可撤销

17. 甲与乙签订了一份房屋租赁合同。合同约定,在甲搬入新居后,将甲现居住的房屋出租给乙。这一民事法律行为属于(　　)。

A. 附停止条件的民事法律行为　　B. 附解除条件的民事法律行为

C. 附始期的民事法律行为　　D. 附终期的民事法律行为

18. 以下行为属于无效民事法律行为的是(　　)。

A. 甲借乙钱,到期未还

B. 甲擅自将乙的汽车卖给丙

C. 甲将其生产的毒品卖给乙

D. 甲(15岁)到4S购买价值30万元的汽车一辆

19. 甲、乙两人分别出资2万元合伙经营一饭店,后因经营管理不善负债8万元。甲、乙两人对债务应承担(　　)。

A. 连带责任　　B. 无限责任

C. 或负连带或无限责任　　D. 无限连带责任

20. 一车主未付修车费即准备提车离开修理厂,修理厂工作人员见状揪住他不让走,并打报警电话。车主说:"你不让我走还限制我自由,我要告你们修理厂,耽误了行程要你们赔偿。"修理厂这样做的性质应如何认定?(　　)

A. 属于侵权,是侵害人身自由权　　B. 属于侵权,是积极侵害债权

C. 不属于侵权,是行使抗辩权之行为　　D. 不属于侵权,是自助行为

21. 固定期限劳动合同,是指用人单位与劳动者约定合同(　　)时间的劳动合同。

A. 解除　　B. 续订　　C. 终止　　D. 中止

22. 劳动合同期限1年以上不满3年的,试用期不得超过(　　)。

A. 1个月　　B. 2个月　　C. 3个月　　D. 4个月

23. 劳动者在试用期的工资不得低于本单位相同岗位最低档工资或者劳动合同约定工资

的(　　),并不得低于用人单位所在地的最低工资标准。

A.30%　　B.50%　　C.60%　　D.80%

24.劳动者违反竞业限制约定的,应按照约定向用人单位支付(　　)。

A.违约金　　B.赔偿金　　C.补偿金　　D.损失费

25.用人单位拖欠或者未足额支付劳动报酬的,劳动者可依法向当地人民法院申请(　　)。

A.法律援助　　B.支付令

C.社会救济　　D.依法制裁用人单位

26.职工患病,在规定的医疗期内劳动合同期满时,劳动合同(　　)。

A.即时终止　　B.续延半年后终止

C.续延一年后终止　　D.续延到医疗期满时终止

27.劳动合同终止后,用人单位应在(　　)内为劳动者办理档案和社会保险关系转移手续。

A.7 日　　B.15 日　　C.1 个月　　D.3 个月

28.劳动者提前(　　)日以书面形式通知用人单位,可以解除劳动合同。

A.3　　B.10　　C.15　　D.30

29.劳动者(　　),用人单位不可以解除劳动合同。

A.在试用期间被证明不符合录用条件的

B.患病或非因工负伤,在规定的医疗期内的

C.严重违反用人单位的规章制度的

D.被依法追究刑事责任的

30.用人单位自用工之日起超过 1 个月不满 1 年未与劳动者订立书面劳动合同的,应向劳动者每月支付(　　)倍的工资。

A.1　　B.2　　C.3　　D.4

31.用人单位对已经解除或者终止的劳动合同的文本,至少保存(　　)年备查。

A.1　　B.2　　C.3　　D.5

32.中华人民共和国境内的(　　)与劳动者建立劳动关系,订立、履行、变更、解除或者终止劳动合同,适用《劳动合同法》。

A.国家机关　　B.事业单位

C.企业、个体经济组织、民办非企业单位　　D.社会团体

33.(　　),用人单位不必向劳动者支付经济补偿。

A.被依法宣告破产的

B.劳动者主动向用人单位提出解除劳动合同并与用人单位协商一致解除劳动合同的

C.被吊销营业执照的

D.被责令停业整顿的

34.用人单位违法不与劳动者订立无固定期限劳动合同的,自应当订立无固定期限劳动合同之日起向劳动者每月支付(　　)倍的工资。

A.1　　B.2　　C.3　　D.4

35.用人单位违法与劳动者约定试用期的,由劳动行政部门责令改正。违法约定的试用

期已经履行的,由用人单位以(　　)为标准,按已经履行的超过法定试用期的期间向劳动者支付赔偿金。

A. 劳动者试用期满月工资　　B. 劳动者试用期工资的两倍
C. 当地最低工资　　D. 当地平均工资

36. 劳动者在同一用人单位连续工作满(　　)年后提出与用人单位订立无固定期限劳动合同的,应当订立无固定期限劳动合同。

A. 3　　B. 5　　C. 8　　D. 10

37. 同一用人单位与同一劳动者只能约定(　　)次试用期。

A. 1　　B. 2　　C. 3　　D. 4

38. 经济补偿按劳动者在本单位工作的年限,每满一年支付(　　)工资的标准向劳动者支付。

A. 半个月　　B. 1 个月　　C. 1 个半月　　D. 2 个月

39. 对劳动合同的无效或者部分无效有争议的,由(　　)或者人民法院确认。

A. 劳动行政部门　　B. 劳动监察机构
C. 劳动争议调解委员会　　D. 劳动争议仲裁机构

40.《劳动合同法》调整的劳动关系是一种(　　)。

A. 人身关系　　B. 财产关系
C. 人身关系和财产关系相结合的社会关系　　D. 经济关系

41. 用人单位经济性裁员后,在(　　)内重新招用人员的,应当通知被裁减的人员,并在同等条件下优先招用被裁减的人员。

A. 6 个月　　B. 1 年　　C. 2 年　　D. 3 年

42. 用人单位与劳动者订立的劳动合同中劳动报酬和劳动条件等标准(　　)集体合同规定的标准。

A. 不得低于　　B. 可以低于　　C. 必须高于　　D. 应当高于

43. 用人单位(　　),劳动者可以立即解除劳动合同,不需事先告知用人单位。

A. 未按照劳动合同约定提供劳动保护或者劳动条件的
B. 未及时足额支付劳动报酬的
C. 以暴力、威胁或者非法限制人身自由的手段强迫劳动者劳动的
D. 规章制度违反法律、法规的规定,损害劳动者权益的

44. 劳动者月工资高于用人单位所在直辖市、设区的市级人民政府公布的本地区上年度职工月平均工资 3 倍的,向其支付经济补偿的标准按职工月平均工资 3 倍的数额支付,向其支付经济补偿的年限最高不超过(　　)年。

A. 2　　B. 5　　C. 10　　D. 12

45. 用人单位违法解除或者终止劳动合同,劳动者要求继续履行劳动合同的,用人单位(　　)。

A. 应当支付赔偿金　　B. 可以支付赔偿金
C. 应当继续履行　　D. 可以不继续履行

46. "三包"法规是为了保护家用汽车产品消费者的合法权益,明确家用汽车产品的(　　)责任。

①修理;②更换;③退货;④赔偿

A.①②④　　B.①②③　　C.②③④　　D.①②③④

47.在“三包”期内,修理时间累计超过(　　)天或者累计修理超过(　　)次,消费者可由销售者负责更换。

A.30, 5　　B.35, 5　　C.30,7　　D.35,7

48.在“三包”期内,转向系统、制动系统、悬架系统、前/后桥、车身的同一主要零件因其质量问题,累计更换(　　)次后,仍不能正常使用的,客户可以退车或换车。

A.2　　B.3　　C.4　　D.5

49.车辆在(　　)日内行驶(　　)km 内,出现转向系统失效、制动系统失效、车身开裂或燃油泄漏,客户可以选择退车或换车。

A.30,5 000　　B.45,3 000　　C.60,3 000　　D.60,5 000

50.“三包”法是为了保护家用汽车的合法权益,明确家用汽车产品的(　　)责任。

A.维修、赔偿、退货　　B.退货、赔偿、更换

C.维修、退货、更换　　D.更换、退货、赔偿

51.(　　)负责填写“三包”凭证并盖章,并在交车环节当面交给客户。

A.库管　　B.服务顾问　　C.客服专员　　D.销售顾问

52.消费者遗失家用汽车产品“三包”凭证的,销售者、生产者应当在接到消费者申请后(　　)个工作日内予以补办。

A.5　　B.10　　C.15　　D.30

53.补办“三包”凭证,需要(　　)。

①购车发票复印件(须是我司授权经销商开具的)。

②行驶证复印件。

③车辆合格证复印件。

④身份证(车主本人或经办人身份证)。

⑤遗失证明(车是个人购买,车主要签名)并附上联络地址、手机号及邮编。

⑥登记证书原件。

A.①②③④⑤⑥　　B.②③④⑤⑥　　C.①②④⑤⑥　　D.①②③④⑤

54.“三包”有效期限不低于(　　)年或者行驶里程(　　)km,以先到为准。

A.3,100 000　　B.3,60 000　　C.2,60 000　　D.3,50 000

55.家用汽车产品售出后 60 天之内或行驶里程 3 000 km 以内,出现以下哪种情况时,消费者不可以直接提出更换或退车的要求?(　　)

A.转向系统失效　　B.传动系统失效　　C.燃油泄漏　　D.制动系统失效

56.国家的“三包”实施日期为(　　)。

A.2013 年 9 月 1 日,以购车发票日期为准

B.2013 年 10 月 1 日,以购车发票日期为准

C.2013 年 9 月 2 日,以购车发票日期为准

D.2013 年 8 月 31 日,以购车发票日期为准

57.按照《汽车“三包”规定》,下列哪些情形需计入修理时间?(　　)

A.防盗系统的运输时间　　B.全车线束的运输时间

C. 等待备件的时间　　D. 外出救援路途所占用的时间

58. 家用汽车产品“三包”有效期内,以下哪种情形是消费者不可以选择更换或退货的?(　　)

A. 严重安全性能故障累计进行了 2 次时修理但仍未能排除

B. 先后免费更换过 1 次发动机总成及同一主要零件,发动机的同一主要零件又出现质量问题

C. 免费更换过发动机及变速器总成,发动机又出现严重故障且需要更换总成

D. 因产品质量问题修理时间累计超过 35 日

59. 消费者与销售者在是否应负担“三包”责任问题产生争议时,如果双方协商无效,可选择以下哪种方式最终解决争议?(　　)

A. 到消费者保护组织投诉　　B. 到仲裁委员会申请仲裁

C. 到技术质量监督机关申诉　　D. 向人民法院起诉

60. 在“三包”有效期内,消费者书面要求更换或退货的,销售者应在多少时间内作出书面答复?(　　)

A. 7 个工作日　　B. 5 个工作日

C. 15 个工作日　　D. 10 个工作日

61. 在家用汽车产品保修期和“三包”有效期内,没有(　　)的,经营者可以不承担“三包”责任。

A. 有效发票和“三包”凭证　　B. 有效发票和使用手册

C. 使用手册和有效发票　　D. 有效发票、“三包”凭证、使用手册

62. “三包”法规是为了保护(　　)汽车产品消费者的合法权益。

A. 家用　　B. 公务　　C. 营运　　D. 租赁

63. 家用汽车产品包修期限不低于(　　)年或者行驶里程 60 000 km,以先到者为准。

A. 1　　B. 2　　C. 3　　D. 4

64. 在家用汽车产品包修期内,因产品质量问题每次修理时间(包括等待修理备用件时间)超过(　　)日的,应当为消费者提供备用车,或者给予合理的交通费用补偿。

A. 15　　B. 10　　C. 7　　D. 5

65. 家用汽车产品自销售者开具购车发票之日起 60 日内或者行驶里程 3 000 km 之内,发动机、变速器累计更换(　　)次后,消费者选择更换家用汽车产品或退货的,销售者应当负责免费更换或退货。

A. 1　　B. 2　　C. 3　　D. 4

66. 客户来售后部办理“三包”维修,应要求客户出示(　　)。

A. “三包”凭证　　B. 使用说明书　　C. 驾驶证　　D. 身份证

67. 同一主要零部件质量问题是指(　　)。

A. 由汽车产品制造商认可的零部件供应商提供的新的零部件产生故障

B. “三包”凭证所明示的主要零部件清单中,同一个主要零部件所产生的质量问题

C. 汽车产品存在危及人身安全的质量问题,这种问题使消费者无法正常操纵汽车,或者汽车产品的安全装置不能起到应有的保护作用,或者存在起火或爆炸等危险情况

D.“三包”凭证所明示的主要零部件清单中,同一总成部件所产生的质量问题

68. 家用汽车产品保修期和“三包”有效期自(　　)之日起计算。

A. 客户车辆上牌　　B. 客户付款

C. 客户取得行驶证　　D. 销售者开具购车发票

69. 质检员/车间主管/技术经理按照“三包”车辆质检标准进行100%质检,填写纸质版“三包”车辆质检表,并留存(　　)年。

A. 1　　B. 2　　C. 3　　D. 4

70. 家用汽车产品“三包”有效期内,因产品质量问题修理时间累计超过(　　)日的,或者因同一产品质量问题累计修理超过5次的,消费者可以凭“三包”凭证、购车发票,由销售者负责更换。

A. 25　　B. 30　　C. 35　　D. 40

71. 合理使用补偿费用的计算公式[(车价款(元)×行驶里程(km))/1 000]×n中的n目前定为不超过(　　)%。

A. 0.5　　B. 0.6　　C. 0.7　　D. 0.8

72. 按规定更换、退货的家用汽车产品经维修检验合格的,再次销售时,销售商应明示该车是(　　),并注明更换、退货的原因。

A. 商品车　　B.“三包”换退车　　C. 二手车　　D. 折旧车

73. 转向系统、制动系统、悬架系统、前/后桥、车身等系统的主要零件由长安汽车明示在(　　)上。

A. 使用说明书　　B. 车辆合格证　　C. 维修手册　　D.“三包”凭证

74. 修理时间自消费者与修理者确定修理之时起,至完成修理之时止。一次修理占用时间不足(　　)h的,以1日计。

A. 6　　B. 12　　C. 18　　D. 24

75. 销售者应当自消费者要求退货之日起(　　)个工作日内向消费者出具退车证明,并负责为消费者按发票价格一次退清货款。

A. 5　　B. 10　　C. 15　　D. 20

76. 销售者明示由生产者约定的修理者名称、地址和联系电话等修理网点资料,但(　　)限制消费者在上述修理网点中自主选择修理者。

A. 必须　　B. 可以　　C. 不得　　D. 应该

77. 汽车“三包”规定包括(　　)。

A.《产品质量法》和《家用汽车产品修理、更换、退货责任规定》

B.《家用汽车产品修理、更换、退货责任规定》和《汽车质量担保规范》

C.《缺陷汽车产品召回管理规定》和《汽车质量担保规范》

D.《合同法》和《家用汽车产品修理、更换、退货责任规定》

78. 用于修理的零部件应当是生产者提供或者认可的零部件,且质量不低于(　　)产品。

A. 市场同系列的　　B. 生产装配线上的

C. 供应商检验合格　　D. 库存的

79. 如果对“三包”存有争议,省级以上质量技术监督部门可以组织建立家用汽车产品“三包”责任争议处理技术咨询人员库。经争议双方同意,质量技术监督部门可以选择技术咨询

人员参与申诉处理工作,技术咨询人员咨询费用由( )协商解决。

A. 双方　　B. 客户方　　C. 经销商　　D. 提出方

80. 在家用汽车产品“三包”有效期内,发生( ),消费者选择更换或退货的,销售者应当负责更换或退货。

A. 因严重安全性能故障累计进行了两次修理,严重安全性能故障仍未排除或者又出现新的严重安全性能故障的

B. 转向系统、制动系统、悬架系统、前/后桥、车身的同一主要零件因其质量问题,累计更换两次后,仍不能正常使用的

C. 发动机、变速箱累计更换两次后,或者发动机、变速箱的同一主要零件因其质量问题,累计更换两次后,仍不能正常使用的

D. 以上都正确

2.1.4 CAJS504 汽车保险与理赔

一、判断题

1. 人们常说的风险“无处不在,无处不有”反映了风险的普遍性特征。( )
2. 在财产保险业务中,汽车保险是道德风险的“重灾区”。( )
3. 风险管理的第一步是风险评价。( )
4. 风险因素是风险事故发生的潜在原因,是造成损失的内在或间接的原因。( )
5. 企业或单位自我承担风险损害后果的风险管理方法被称为风险自留。( )
6. 根据新修订的保险法规定,对于被保险人或受益人的请求后,保险人应将核定结果通知被保险人或受益人的义务。( )
7. 机动车在没有领取正式号牌、行驶证以前,需要移动或试车时,必须申领移动证、临时号牌或试车号牌,按规定行驶。( )
8. 汽车定位的标准值与不同的车型和生产厂有较大的差异。( )
9. 汽车折旧率的计算按月为标准,不足 1 月的按天计算。( )
10. 为保险车辆采取施救保护所支付的合理费用,其最高赔偿以不超过保险金额为限。( )
11. 保险市场也是由供求双方和帮助供求双方完成各自所需的供求关系的中介方共同构成的保险供求关系的总和。( )
12. 人身保险合同不存在超额保险、不足额保险和重复保险。( )
13. 战争造成的保险车辆损失也是机动车辆保险责任范围内的。( )
14. 保险车辆肇事逃逸是车辆损失险和第三者责任险的共同责任免除。( )
15. 本车上其他人员的人身伤亡在第三者责任险的保险责任范围内。( )
16. 保险坚持能修不换原则。( )
17. 按照大数法则,风险必须不能使大多数的保险对象同时遭受损失。( )
18. 机动车在道路上发生故障,需要停车排除故障时,驾驶人应当将机动车移至不妨碍交通的地方停放,并开启危险报警闪光灯。( )
19. 强制汽车责任保险费率实行“奖优惩劣”。( )

20. 机动车发生保险事故后,除不可抗拒力外,被保险人应在 48 h 内通知保险公司。（　　）

二、单选题(每题只有一个正确答案,请将正确答案的序号填入括号内)

1. 风险管理的基本程序正确的是(　　)。

A. 风险识别—风险估测—风险评价—选择风险管理技术—风险管理效果评价

B. 风险识别—风险评价—风险估测—选择风险管理技术—风险管理效果评价

C. 风险评价—风险识别—风险估测—选择风险管理技术—风险管理效果评价

D. 风险评价—风险估测—风险识别—选择风险管理技术—风险管理效果评价

2. 风险管理的基本目标是(　　)。

A. 以最小的成本获得最小的安全保障　　B. 以最大的成本获得最大的安全保障

C. 以最小的成本获得最大的安全保障　　D. 以最大的成本获得最小的安全保障

3. 权益转让原则适用的范围是(　　)。

A. 财产保险合同　　B. 人身保险合同

C. 人寿保险合同　　D. 意外伤害保险合同

4. 保险损失的近因是指在保险事故发生时(　　)。

A. 时间上最接近损失的原因　　B. 引起损失发生的第一个原因

C. 空间上最接近损失的原因　　D. 最直接、起主导和支配作用的原因

5. 投保人将市价为 150 万元的财产同时向甲、乙两家保险公司投保,保险金额分别为 50 万元和 150 万元,若一次保险事故造成实际损失为 80 万元,则按照比例责任分摊原则,甲、乙两家保险公司应分别承担的赔款是(　　)。

A. 20 万元和 60 万元　　B. 30 万元和 50 万元

C. 40 万元和 40 万元　　D. 60 万元和 20 万元

6. 由机动车辆本身所面临的风险而产生的险种是(　　)。

A. 机动车辆损失险　　B. 第三者责任险

C. 附加险　　D. 特约险

7. 机动车辆保险合同是(　　)。

A. 定值保险合同　　B. 不定值保险合同

C. 定额保险合同　　D. 超额保险合同

8. 保险人依据法律规定或合同约定,不承担赔偿和给付责任的范围称为(　　)。

A. 保险责任　　B. 保险范围　　C. 责任免除　　D. 保险约定

9. 保险合同生效后,保险标的危险程度增加时,被保险人未履行危险程度增加通知义务,保险人对因危险程度增加而导致的保险标的的损失,可采取的正确方式是(　　)。

A. 酌情赔偿　　B. 不予赔偿　　C. 部分赔偿　　D. 必须赔偿

10. 在车辆损失险中,投保时保险车辆的实际价值是新车购置价减去折旧后的价格,根据机动车辆保险条款的规定,一般关于折旧的限制是(　　)。

A. 最高折旧金额不超过投保时新车购置价的 30%

B. 最高折旧金额不超过投保时新车购置价的 50%

C. 最高折旧金额不超过投保时新车购置价的 80%

D. 最高折旧金额不超过投保时新车购置价的 100%

11. 通过保险代理人与投保人之间签订的保险合同所产生的权利义务,其后果承担者是(　　)。

A. 投保人　　B. 被保险人　　C. 保险人　　D. 保险代理人

12. 根据我国机动车辆保险的规定,以下不属于机动车辆范围的是(　　)。

A. 商务车　　B. 自行车　　C. 拖拉机　　D. 冷藏车

13. 根据我国《保险法》规定,保险经纪人是基于(　　)的利益,为投保人与保险人订立保险合同提供中介服务,并依法收取佣金的个人。

A. 投保人　　B. 保险人　　C. 自己　　D. 受益人

14. 在各类保险中,起源最早,历史最长的是(　　)。

A. 房屋保险　　B. 火灾保险　　C. 人身保险　　D. 海上保险

15. (　　)年是我国第一部保险法颁布。

A. 1995　　B. 1996　　C. 2002　　D. 2004

16. 财产保险是以(　　)为保险标的的一种保险。

A. 利益　　B. 信用

C. 财产及有关利益　　D. 汽车及有关利益

17. 世界上最古老的保险单是一张(　　)。

A. 火灾保险　　B. 船舶保险　　C. 人身保险　　D. 水灾险

18. 在我国,机动车辆保险的基本险包括(　　)。

A. 车辆损失险和无过失责任险　　B. 车辆损失险和无过失责任险

C. 车辆损失险和第三者责任险　　D. 车辆损失险和无过失责任险

19. 承保车辆遭受保险责任范围内的自然灾害或意外事故造成保险车辆本身损失的保险称为(　　)。

A. 第三者责任险　　B. 机动车辆损失险

C. 全车盗抢险　　D. 车上人员责任险

20. 根据我国机动车辆保险条款规定,下列哪项不是被保险人获得无赔偿优待的条件(　　)。

A. 保险期限必须满一年　　B. 在保险期限内无任何保险事故

C. 在保险期限内无任何赔款　　D. 保险期满前续保

21. 车辆损失险和第三者责任险,在符合赔偿规定的金额内,实行绝对免赔率,在交通事故中负同等责任的免赔率为(　　)。

A. 5%　　B. 10%　　C. 15%　　D. 20%

22. 李某投保了保险金额为20万元的机动车辆损失险,在保险期间内一次碰撞事故时负30%的责任,造成保险车辆全部损失,保险车辆出险时的实际价值为15万元,按照事故责任免赔率规定,如果残值是1万元,则保险人应该赔偿(　　)。

A. 3.99万元　　B. 3.8万元　　C. 3.5万元　　D. 2.85万元

23. 投保人应对(　　)具有法律上承认的利益。

A. 保险事故　　B. 保险责任　　C. 保险风险　　D. 保险标的

24. 在全车盗抢险中,全车损失,在保险金额内计算赔偿,并实行(　　)免赔率。

A. 5%　　B. 10%　　C. 15%　　D. 20%

25. 赵某投保了保险金额为 18 万元的机动车辆损失险，在保险期间内一次碰撞事故时负 20% 的责任，造成保险车辆全部损失，保险车辆出险时的实际价值为 12 万元，按照事故责任免赔率规定，如果残值是 2 万元，则保险人应该赔偿（　　）。

A. 1.9 万元　　B. 2 万元　　C. 1.8 万元　　D. 1.6 万元

26. 因发生车辆损失保险的保险事故，致使保险车辆停驶，保险人在保险单载明的保险金额内承担赔偿责任的保险称为（　　）。

A. 全车盗抢险　　B. 车上人员责任险

C. 车上货物责任险　　D. 车辆停驶损失险

27. 发生意外事故，造成保险车辆上人员的人身伤亡，依法应由被保险人承担的经济赔偿责任，保险人负责赔偿的保险称为（　　）。

A. 全车盗抢险　　B. 车上人员责任险

C. 车上货物责任险　　D. 车辆停驶损失险

28. 车辆停驶损失险约定的赔偿天数最长为（　　）天。

A. 20　　B. 40　　C. 60　　D. 80

29. 查勘时，对行驶证的查验应注意（　　）。

A. 行驶证自身的真伪

B. 行驶证副页上检验合格章的真伪，即行驶证的有效期

C. 行驶证车主与保险单登记的是否相同

D. 以上都正确

30. 汽车保险投保单为保险合同的要件之一，一般包括（　　）内容。

A. 投保人、被保险人和驾驶员情况　　B. 保险汽车情况

C. 投保险种和期限、特别约定　　D. 以上都正确

31. 有关汽车保险理赔方面的描述，正确的有（　　）。

A. 汽车保险理赔是指保险汽车在发生风险事故后，保险人依据保险合同的约定对被保险人提出的索赔请求进行处理的行为

B. 汽车保险理赔涉及保险合同双方的权利与义务的实现，是保险经营中的一项重要内容

C. 近年来，由于现代汽车的结构性能日趋合理，因车辆本身原因导致的交通事故比例呈现出下降的趋势，而由人为因素引起的交通事故则在迅速增加。这种变化增加了汽车保险理赔工作的难度

D. 以上都正确

32. 有关车辆定损描述正确的是（　　）。

A. 修理范围仅限于本次事故中所造成的车辆损失

B. 能修理的零部件，尽量修复，不要随意更换新的零部件

C. 准确确定工时费用

D. 以上都正确

33. 某日天下大雪，一行人被 A、B 两车相撞致伤，后经交通警察查实，该事故是因 A 车驾驶员酒后驾车所致。则行人被撞伤的近因是（　　）。

A. 大雪天气　　B. 酒后驾车　　C. A 车撞击　　D. B 车撞击

34. 在汽车保险理赔时,应遵循的原则包括(　　)。

A. 重合同、守信用原则　　B. 坚持实事求是原则

C. 主动、迅速、准确、合理的原则　　D. 以上都正确

35. 汽车保险投保单中一般规定的汽车情况包括(　　)。

A. 号牌号码、厂牌型号、发动机号、车架号、VIN 码

B. 车辆种类、座位/吨位、车辆颜色、初次登记年月

C. 汽车的使用性质与行驶区域

D. 以上都正确

36. 随着私家车数量的增加,被保险人中私家车车主的比例正在逐年增加。由于这些被保险人文化、知识和修养的局限,再加上他们对保险、交通事故处理、车辆修理等方面知识的匮乏,使得他们购买保险具有较大的被动色彩。同时由于利益驱动,使得检验和理算人员在理赔过程中与其交流时存在较大的障碍。这体现了汽车保险理赔的(　　)特点。

A. 被保险人的公众性　　B. 损失率高且损失幅度较小

C. 标的流动性大　　D. 受制于修理厂的程度较大

37. 投保时,保险标的实际价值或估计价值作为保险价值,其保险金额按保险价值来确定,这种保险被称为(　　)。

A. 不定值保险　　B. 定值保险　　C. 定额保险　　D. 超额保险

38. 社会保险和商业保险的共同点在于(　　)。

A. 同以风险存在为前提

B. 同是保险人与投保人之间的契约行为

C. 同以概率论和大数法则作为制订保险费率的数理基础

D. 同是满足社会成员的各种需要

39. 保险合同特有的原则是(　　)。

A. 最大诚信原则　　B. 保险利益原则

C. 公平互利原则　　D. 守法原则

40. 在人身保险合同中,由被保险人或投保人指定的享有保险金请求权的人是(　　)。

A. 受益人　　B. 保险经纪人　　C. 保险人　　D. 投保人

41. 以各种有形财产的现有利益、预期利益为保险标的的保险是(　　)。

A. 财产损失保险　　B. 责任保险　　C. 人身保险　　D. 信用保险

42. 以人的生命和身体为保险标的的保险是(　　)。

A. 财产损失保险　　B. 责任保险　　C. 人身保险　　D. 信用保险

43. 因侵权或违约依法对他人遭受的人身伤亡或财产损失应付赔偿责任的风险是(　　)。

A. 财产风险　　B. 人身风险　　C. 责任风险　　D. 信用风险

44. 对损失概率低、损失程度大的风险应采用(　　)的风险管理方法。

A. 保险　　B. 自留风险　　C. 避免风险　　D. 减少风险

45. 财产保险合同的首要原则是指(　　)。

A. 损失补偿原则　　B. 代位原则　　C. 分摊原则　　D. 近因原则

46. 保险的基本特性是保险的(　　)。

A. 经济性　　B. 互助性　　C. 法律性　　D. 科学性

47. 在人身保险合同中,有权指定受益人的是(　　)。

A. 保险代理人　　B. 保险经纪人　　C. 保险人　　D. 投保人

48. 对汽车保险标的具有可保利益,并且与汽车保险人订立保险合同的人是(　　)。

A. 汽车保险人　　B. 汽车投保人　　C. 汽车被保险人　　D. 汽车代理人

49. 下列属于保险人绝对不予承保的财产是(　　)。

A. 房屋　　B. 土地　　C. 金银首饰　　D. 家用电器

50. 不允许变更被保险人的险种是(　　)。

A. 一般财产保险　　B. 海上货物运输保险

C. 个人人寿保险　　D. 一切险种

51. 在抵押贷款财产保险时,银行以抵押权人名义对抵押品房屋投保,如果银行贷款 10 万元,房屋价值 13 万元,保险金额为 12 万元,则保险人赔偿金额为(　　)。

A. 10 万元　　B. 13 万元　　C. 12 万元　　D. 不予赔偿

52. 仲裁委员会是(　　)。

A. 独立于国家行政机关的民间团体

B. 仲裁委员会是国家工商行政机关的一个机构

C. 仲裁委员会实行级别管辖

D. 仲裁委员会实行地域管辖

53. 在保险理赔过程中必须遵循的原则是(　　)。

A. 分摊原则　　B. 物上代位　　C. 代位求偿　　D. 近因原则

54. 货物运输保险常采用的方式是(　　)。

A. 超额保险　　B. 足额保险　　C. 定值保险　　D. 不定值保险

55. 保险人与被保险人订立保险合同的正式凭证为(　　)。

A. 保险凭证　　B. 暂保单　　C. 保险单　　D. 投保单

56. 保险合同变更时最常用的书面单证是(　　)。

A. 暂保单　　B. 批注　　C. 保险凭证　　D. 批单

57. 保险合同终止最普遍的原因是(　　)。

A. 保险期间届满终止　　B. 保险标的无保险价值而终止

C. 履约终止　　D. 因法定情况出现而终止

58. 解释保险合同条款最主要的方式是(　　)。

A. 文义解释　　B. 学理解释　　C. 补充解释　　D. 意图解释

59. 保险标的实际价值低于保险金额,这种保险被称为(　　)。

A. 不定值保险　　B. 定值保险　　C. 定额保险　　D. 超额保险

60. 投保人对同一保险标的、同一保险利益、同一保险事故同时分别向两个以上保险人订立合同,其保险金额超过保险价值的保险是(　　)。

A. 重复保险　　B. 再保险　　C. 共同保险　　D. 综合保险

61. 车辆定损时,应注意的问题有(　　)。

A. 应注意区分本次事故造成的损失和非本次事故造成的损失

B. 应注意区分事故损失与机械损失的界限

C. 受损车辆解体后,如发现尚有因本次事故损失的部位没有定损的,经定损员核实后,可追加修理项目和费用

D. 以上都正确

62. (　　)情况下,车主可买短期交强险。

A. 境外机动车临时入境的　　B. 机动车临时上路行驶的

C. 机动车距规定的报废期限不足 1 年的　　D. 以上都正确

63. 下列不属于核保工作内容的是(　　)。

A. 审核投保单　　B. 查验车辆　　C. 核定保险费率　　D. 收取保费

64. 下述(　　)原因导致的出险现场变动均属于正常变动现场。

A. 为将伤者送医院抢救而移动车辆

B. 因风吹、雨淋等自然因素导致出险现场的痕迹消失或被破坏

C. 执行任务的消防、救护等汽车,在发生事故后因任务的需要而驶离现场

D. 以上都正确

65.《机动车交通事故责任强制保险条例》规定:对属于保险责任的,在与被保险人达成赔偿保险金的协议后(　　)日内,赔偿保险金。

A. 1　　B. 5　　C. 10　　D. 60

66. 交通事故中的财产损失一般情况下仅包括(　　)。

A. 车辆、财产的直接损失　　B. 现场抢救人身伤亡善后处理的费用

C. 停工、停业等所造成的财产间接损失　　D. 停车费、罚款

67. 通常,如果风险所致损失频率和幅度低,损失在短期内可以预测以及最大损失不影响企业或单位财务稳定,适宜采用的风险管理方法是(　　)。

A. 自留风险　　B. 转移风险　　C. 避免风险　　D. 分散风险

68. 由几个保险人联合直接承保同一保险标的或同一风险而保险金额不超过保险标的价值的保险被称为(　　)。

A. 再保险　　B. 共同保险　　C. 重复保险　　D. 多重保险

69. 除《中华人民共和国道路交通安全法》实施条例另有规定以外,机动车驾驶证的有效期为(　　)年。

A. 4　　B. 5　　C. 6　　D. 8

70. 在道路上发生交通事故,未造成人身伤亡,当事人对事实及成因无争议的,(　　)即行撤离现场,恢复交通,自行协商处理损害赔偿事宜。

A. 可以　　B. 应当

C. 必须　　D. 以上都不正确

71. 根据我国《中华人民共和国保险法》规定,保险人、被保险人为查明和确定保险事故的性质、原因和保险标的的损失程度所支付的必要、合理的费用,由(　　)承担。

A. 被保险人　　B. 保险人

C. 保险人和被保险人双方共同　　D. 按照合同约定的比例分别

72.《家庭自用汽车损失保险》条款规定保险车辆发生保险责任事故造成损失的,应当由第三方负责赔偿,而无法找到第三方时的免赔率为(　　)。

A. 30%　　B. 20%　　C. 15%　　D. 10%

73.《机动车辆第三者责任保险》条款规定，保险车辆驾驶员在事故中负次要责任的，赔款计算时需增加的免赔率为(　　)。

A. 15%　　B. 10%　　C. 8%　　D. 5%

74. 交强险合同规定在以下(　　)情形发生交通事故，造成受害人受伤要去抢救的，对符合规定的抢救费用保险人在医疗费用赔偿限额内垫付。

A. 驾驶人未取得驾驶资格的　　B. 驾驶人醉酒的

C. 被保险机动车被盗抢期间肇事的　　D. 以上都正确

75. 下列属于非法改装的是(　　)。

A. 增加货车栏板高度　　B. 加大货车轮胎

C. 增加钢板弹簧的片数或厚度　　D. 开天窗

76. 车辆定损应注意区别事故损失与机械损失的界限，以下哪些现象属于事故损失？(　　)

A. 刹车失灵　　B. 机械故障

C. 零部件因锈蚀、朽旧、老化、变形、裂纹等造成的车身损失

D. 驾驶员正常行驶时操作不当造成的碰撞

77. 三厢轿车的后翼子板损伤较重，但还可以维修，制订维修方案时可以考虑(　　)。

A. 整形维修　　B. 更换后翼子板

C. 根据车主要求决定是否更换　　D. 修理厂自行决定

78. 强制汽车责任保险与商业汽车责任保险相比，具有(　　)特征。

A. 强制性　　B. 公益性

C. 对第三者的利益具有基本保障性　　D. 以上都正确

79. 我国强制汽车责任保险的实施方式为(　　)。

A. 混合实施　　B. 分离实施

C. 与商业第三者责任保险合并实施

D. 包括强制汽车责任保险在内的综合保险方式实施

80. 下列不属于维修费用的是(　　)。

A. 工时费　　B. 材料费

C. 外加工费　　D. 从事故现场到修理厂的拖车费

2.1.5　CAJS505 长安商用新能源汽车技术培训

一、判断题

1. 动力电池维修时并不是所有步骤都需要佩戴绝缘手套。(　　)
2. M201 纯电动物流车所有零部件均采用水冷方式。(　　)
3. BMS 主板与分板都具有采集电池单体电压与温度的功能。(　　)
4. 车辆仅在 N 挡的情况下，能正常启动。(　　)
5. M201 纯电动物流车电池总成由多个电池单体组成。(　　)
6. 在不踩油门的情况下车辆缓慢行驶，此功能为跛行功能。(　　)
7. 直流变换器总成作用是将动力电池的高压直流电转换为低压直流电，为铅酸蓄电池及整车低压系统供电。(　　)

8. VCU 的中文含义是电机控制器。 (　　)

9. M201 纯电动物流车的充电方式分为直流充电。 (　　)

10. 高压互锁功能失效后整车仍然能够缓慢行驶。 (　　)

11. 远程监控系统的作用是对车辆行驶过程及充电过程中的数据进行记录。 (　　)

12. 动力电池的安全开关位于驾驶室内。 (　　)

13. 动力电池的安装位置为车辆底部。 (　　)

14. 仪表 Ready 指示灯常亮表示车辆准备充电完成。 (　　)

15. 车辆充电警示灯在不能充电状态下会点亮。 (　　)

16. M201 纯电动物流车的能量回收方式是再生制动能量回收。 (　　)

17. 电动汽车动力系统由 3 个子系统组成,即电力驱动子系统、能源子系统和变速器控制子系统。 (　　)

18. 电动汽车控制系统主要包括整车控制器、电机控制器和变速器控制器。控制系统接收来自加速踏板、刹车踏板、挡位、蓄电池 SOC 等信号,信号经过处理后输入电动机驱动器,控制功率电路的功率输出,实现驱动电机转速和转矩的控制,然后电机输出的动力再通过变速传动装置,驱动车轮按驾驶员要求行驶。 (　　)

19. 基本控制器处于被唤醒状态,整车高压上电完成。 (　　)

20. 蠕行模式是指在满足车辆处于行驶模式、未踩下制动踏板、未踩下加速踏板、挡位处于 D 挡、车辆自动以 8 km/h 的速度进行的行驶模式,相当于传统汽车发动机的怠速。 (　　)

21. 当电量表指示为黄区或绿区接近黄区时,应停止充电。 (　　)

22. 当电量表指示为黄区或绿区接近黄区时,应停止使用进行充电。 (　　)

23. 动力电池切忌过放电(达到红区),否则影响电池寿命。 (　　)

24. 充电前插入钥匙,以打开充电线路。 (　　)

25. 接充电机的电源线应达到 3 m^2 以上(建议采用防水电缆线),电源插座达到 16 A 以上。 (　　)

26. 电动汽车顾名思义就是由车载可充电蓄电池或其他能量储存装置提供电能,由电机驱动的汽车。 (　　)

27. 燃料电池汽车是指以氢气、甲醇等为燃料,通过化学反应产生电流,依靠电机驱动的汽车。 (　　)

28. 电动机是把电能转换成机械能的一种设备。它是利用通电线圈产生旋转磁场并作用于转子闭合铝框形成磁电动力旋转扭矩。 (　　)

29. 额定功率是指在规定的时间内,电机允许输出的最大输出功率。 (　　)

30. 额定效率是指在额定运行时电动机轴上输出的机械功率与电动机在额定运行时电源输入电动机的功率之比值。 (　　)

31. 感应电动机又称为直流异步电动机,由定子绕组形成的旋转磁场与转子绕组中感应电流的磁场相互作用而产生电磁转矩驱动转子旋转的交流电动机。 (　　)

32. 直流电动机将交流电能转换为机械能的转动装置。电动机定子提供磁场,直流电源向转子的绕组提供电流,换向器使转子电流与磁场产生的转矩保持方向不变。 (　　)

33. 直流变换功能是将动力电池的高压直流电转换为低压直流电,为铅酸蓄电池及整车

低压系统供电。 （ ）

34. 充电机是响应电池管理系统及整车控制器的指令，为动力电池充电。 （ ）

35. 电池的容量是指充满电的电池在指定的条件下放电到终止电压时输出的电量，单位为 A·h。 （ ）

36. 电池的荷电状态 SOC 是描述电池剩余容量占额定容量的百分比。 （ ）

37. 抗滥用能力是指电池对短路、过充、过放、机械振动、撞击、挤压以及遭受高温和着火等非正常使用情况的容忍程度。 （ ）

38. VCU 最基本的作用是监控电池的工作状态（电池的电压、电流和温度），预测蓄电池的 SOC 和相应的剩余行驶里程，管理电池的工作情况（避免出现过放电、过充、过热和单体电池之间电压严重不平衡现象）以便最大限度地利用电池的存储能力和循环寿命。 （ ）

39. M201 的慢充口布置在右侧前车门下方位置（其控制开关在主驾座椅前侧下方），快充口布置在前格栅处。 （ ）

40. 拆装动力电池之前，需要拆下低压蓄电池负极。 （ ）

二、单选题（每题只有一个正确答案，请将正确答案的序号填入括号内）

1. 下列哪个不是电动汽车的优点？（ ）

A. 无污染、噪声小　　B. 结构简单，使用维修方便

C. 可在夜间利用电网的廉价“谷电”　　D. 使用成本高

2. 下列不属于电池管理器的主要功用是（ ）。

A. 电池包电量计算　　B. 电池温度、电压、湿度检测

C. 自行充电　　D. 充放电控制、预充控制

3. PTC 的作用是（ ）。

A. 暖风加热　　B. 冷风供给　　C. 整车控制　　D. 水泵控制

4. 下列哪个部件绝缘低时，绝缘监测系统不起作用？（ ）

A. 高压控制盒　　B. 空调压缩机　　C. 制动真空泵　　D. 车载充电机

5. 高压线束根据国家标准，必须采用（ ）颜色体现出来。

A. 绿色　　B. 蓝色　　C. 橘色　　D. 白色

6. 电池管理系统对动力电池有过压、欠压、过流、过高温、（ ）五项保护。

A. 过低温　　B. 过载　　C. 欠能　　D. 以上都不正确

7. 动力电池系统由动力电池模组、（ ）、动力电池箱、辅助器件等组成。

A. 电池管理系统　　B. 保险丝　　C. 保护器件　　D. 加热装置

8. 电动助力转向系统 EPS 是由扭矩传感器、电子控制单元、功率放大模块和（ ）共同组成。

A. 温度传感器　　B. 速度传感器　　C. 电动机　　D. 真空泵

9. 空调压缩机的驱动电能由（ ）引出提供，电压是 320 V 左右的直流电。

A. 高压电器盒　　B. 动力电池　　C. 电机控制器　　D. 整车控制器

10. 快速充电桩提供的是（ ）电流充电。

A. 交流　　B. 直流　　C. 交直流变换　　D. 脉冲

11. 慢速充电桩提供的是（ ）电流充电。

A. 交流　　B. 直流　　C. 交直流变换　　D. 脉冲

12. 车载充电机可以用(　　)电源充电。
A. 慢充充电桩　B. 三相电　C. 快充充电桩　D. 脉冲
13. 车载充电机可以用(　　)电源充电。
A. 三相电　B. 家用空调电源 16 A　C. 快充充电桩　D. 以上都不正确
14. 车载充电机的输入电压是(　　)V。
A. 220　B. 380　C. 12　D. 36
15. PDI 的检查分为(　　)。
A. 出库、入库、销售　B. 接车、出库、入库
C. 出库、接车、销售　D. 以上都不正确
16. 电动汽车驱动电机常采用(　　)。
A. 交流电机　B. 直流电机　C. 永磁同步电机　D. 感应电机
17. 电动汽车有哪些高压部件?(　　)
A. 空调压缩机、PTC 加热器、DC/DC 转换器
B. 永磁驱动电机、整车控制器、空调压缩机
C. 电动助力转向、雨刮电机、暖风系统
D. 以上都不正确
18. 电动汽车有哪些不是高压部件?(　　)
A. 驱动电机　B. 空调系统　C. 雨刮系统　D. 电动助力转向
19. 整车控制器对哪些部分进行控制?(　　)
A. 电机控制系统、电池管理系统、充电系统
B. 空调系统、仪表系统、电器系统
C. 电机控制系统、空调系统、雨刮系统
D. 电机控制系统、电动助力转向、雨刮系统
20. 整车控制器不对哪些部分进行控制?(　　)
A. 电机控制系统　B. 仪表系统　C. 电器系统　D. 电池管理系统
21. 电动汽车哪些部件是水冷?(　　)
A. 电机控制系统　B. 空调　C. 高压控制盒　D. 电池管理系统
22. 电动汽车哪些部件不是水冷?(　　)
A. 电机控制系统　B. 电机　C. 电池管理系统　D. 以上都不正确
23. 新能源汽车的定义是(　　)。
A. 指采用非常规的车用燃料作为动力来源的汽车
B. 指使用非常规的车用燃料、采用新型车载动力装置的汽车
C. 指采用天然气燃料作为动力来源的汽车
D. 以上都不正确
24. 混合动力汽车是指(　　)。
A. 采用非传统燃料的,同时配以电动机/发动机来改善低速动力输出和燃油消耗的车型
B. 采用传统燃料的,同时配以电动机/发动机来改善低速动力输出和燃油消耗的车型
C. 采用传统燃料的,同时配以天然气等环保能源的车型

D. 以上都不正确

25. 插电式混合动力汽车是指(　　)。

A. 可以在正常使用的情况下从车载装置中获取电能,以满足车辆具有一定的纯电动续驶里程的混合动力汽车

B. 可以在正常使用情况下从非车载装置中获取电能,以满足车辆具有一定的混合驱动续驶里程的混合动力汽车

C. 可以在正常使用情况下从非车载装置中获取电能,以满足车辆具有一定的纯电动续驶里程的混合动力汽车

D. 以上都不正确

26. 电动机的主要性能参数不包括(　　)。

A. 额定电压、额定转速　　B. 额定电流、额定转矩

C. 热效率　　D. 最高转速

27. 铅酸蓄电池单体工作电压为(　　)V。

A. 12　　B. 2　　C. 24　　D. 1.2

28. 锂离子电池单体工作电压为(　　)V。

A. 12　　B. 3.6　　C. 1.2　　D. 以上都不正确

29. (　　)是电动车电动系统的核心部分,具有欠压、限流或过流保护功能。

A. 电机　　B. 整车控制器　　C. 电机控制器　　D. 高压控制盒

30. 电动车四大电器件中将电能转换成机械能的装置是(　　)。

A. 电机　　B. 充电器　　C. 控制器　　D. 蓄电池

31. 下列哪句话是错误的操作?(　　)

A. 充电时,请放置在儿童无法触摸到的安全场所

B. 使用和存放时应防止液体和金属粒渗入充电器内部,谨防跌落及撞击,以免造成损伤

C. 充电器可以私自拆装

D. 充电时将充电器和车辆放置在通风处

32. 电动车四大电器件是指(　　)。

A. 控制器、充电器、转换器、电机　　B. 控制器、充电器、蓄电池、电机

C. 控制器、充电器、仪表、电机　　D. 控制器、充电器、蓄电池、转换器

33. 电池的功率与功率密度分别指(　　)。

A. 电池的功率是指在一定的放电制度下,单位时间内电池输出的能量。单位质量的电池输出的功率称为质量功率密度

B. 电池的功率是指在一定的放电制度下,单位电流输出的能量。单位体积的电池输出的功率称为体积功率密度

C. 电池的功率是指在一定的放电制度下,单位时间内电池输出的能量。单位电流的电池输出的功率称为质量功率密度

D. 以上都不正确

34. BMS 一般由一些传感器(用于测量电压、电流和温度等)、(　　)和一些输入/输出接口组成。

A.控制器　　B.微处理器　　C.PTC　　D.以上都不正确

35.BMS最基本的作用是指(　　)。

A.监控电池的工作状态,预测蓄电池的SOC和相应的剩余行驶里程,管理电池的工作情况以便最大限度地利用电池的存储能力和循环寿命

B.监控电池的工作状态,预测蓄电池的SOC和相应的剩余行驶里程,管理电器系统的工作情况以便最大限度地利用电池的存储能力和循环寿命

C.监控电池的工作状态,预测蓄电池的SOC和相应的剩余行驶里程,管理电池的工作情况以便最大限度地提高续驶里程

D.以上都不正确

36.电动汽车实现电能转换为热能的装置是(　　)。

A.发动机　　B.电动机　　C.PTC　　D.加热丝

37.快速充电法的最大优点是(　　)。

A.充电时间短　　B.充电效率高

C.能够完全充满电池　　D.以上都不对

38.慢速充电法的最大优点是(　　)。

A.充电时间短　　B.充电效率高

C.能够完全充满电池　　D.以上都不对

39.衡量电动汽车行驶里程长短的蓄电池性能指标是(　　)。

A.比功率　　B.比能量　　C.续驶里程　　D.以上都不正确

40.蓄电池的耐久性能指标是(　　)。

A.SOC　　B.充电效率　　C.充放电次数　　D.以上都不正确

41.电动汽车没有发动机的余热可以利用或者不能完全利用发动机的余热,需采用(　　)进行加热。

A.热泵型空调系统　　B.电热丝　　C.电阻丝　　D.PTC

42.热电(偶)电动汽车空调系统热电空气调节具有(　　)特点。

A.热电元件工作需要交流电源

B.改变电流方向即可产生制冷、制热的逆效果

C.热电制冷片热惯性非常大,制冷时间很短

D.以上都不正确

43.锂离子电池具有(　　)、无记忆效应、无污染、快速充电、自放电率低、工作温度范围宽、安全可靠和能够制造成任意形状等优点。

A.工作电压低　　B.比能量高　　C.充放电效率高　　D.以上都不正确

44.M201整车采取中纵置后驱的方式,电机控制器及其他高压系统零部件主要布置在前排座椅(　　),动力电池采用分包方案,布置在地板下方。

A.下方　　B.后方　　C.前部　　D.以上都不正确

45.M201整车采取中纵置后驱的方式,快充口布置在(　　)。

A.左侧前车门下方　　B.右侧前车门下方

C.右侧后车门下方　　D.以上都不正确

46.M201整车采取中纵置后驱的方式,慢充口布置在(　　)。

A. 左侧前车门下方　B. 后部门侧　C. 前格栅处　D. 以上都不正确

47. M201 整车采取中纵置后驱的方式,快充口的控制开关在(　　)。

A. 主驾座椅前侧下方　B. 副驾座椅前侧下方

C. 副驾座椅后侧下方　D. 以上都不正确

48. 高压互锁功能的作用是(　　)。

A. 安全保护　B. 提高高压传输效率　C. 提供充电效率　D. 以上都不正确

49. 电流对人体的伤害是多方面的。根据伤害的性质不同,触电可分为电伤和电击两种。电伤是指(　　)。

A. 由于电流的热效应、化学效应和机械效应对人体的外表造成的局部伤害,如电灼伤、电烙印和皮肤金属化等

B. 电流流过人体内部造成人体内部器官的伤害

C. 流过心脏的电流过大、持续时间过长引起"心室纤维性颤动"而致死

D. 以上都不正确

50. 电流对人体的伤害是多方面的。根据伤害的性质不同,触电可分为电伤和电击两种。电击是指(　　)。

A. 由于电流的热效应、化学效应和机械效应对人体的外表造成的局部伤害,如电灼伤、电烙印和皮肤金属化等

B. 电流流过人体内部造成人体内部器官的伤害

C. 流过心脏的电流过快、持续时间短引起"心室纤维性颤动"而致死

D. 以上都不正确

51. 致命电流是在短时间内危及生命的最小电流,其最小电流即致命阈值。致命电流与电流持续时间关系密切。当电流持续时间超过心脏周期时,致命电流仅为(　　)mA。

A. 100　B. 75　C. 50　D. 500

52. 拆卸动力电池时,总是最先拆下(　　)电缆。装上电池时相反。拆下或装上蓄电池电缆时,应确保点火开关或其他开关都已断开,否则会导致半导体元器件的损坏。

A. 负极　B. 正极

C. 动力电池安全开关　D. 以上都不正确

53. 动力电池出现了异常断开可能是哪里出了故障?(　　)

A. 绝缘监测电路出现故障,需要更换 BMS 主控盒

B. 绝缘阻抗过高,检查高压线束绝缘状况或中控盒绝缘状况

C. 动力电缆母线短路,需要更换动力电缆

D. 以上都不正确

54. DC/DC 转换器出现故障可能是哪里出了问题?(　　)

A. 过冷　B. 输入与输出欠压

C. 输入与输出短路　D. 过热

55. M201 电池包温度过高可能是哪里出了问题?(　　)

A. 冷却风扇故障,检查车后部风扇并更换

B. 温度传感器故障,需要更换温度传感器

C. 冷却液泄漏

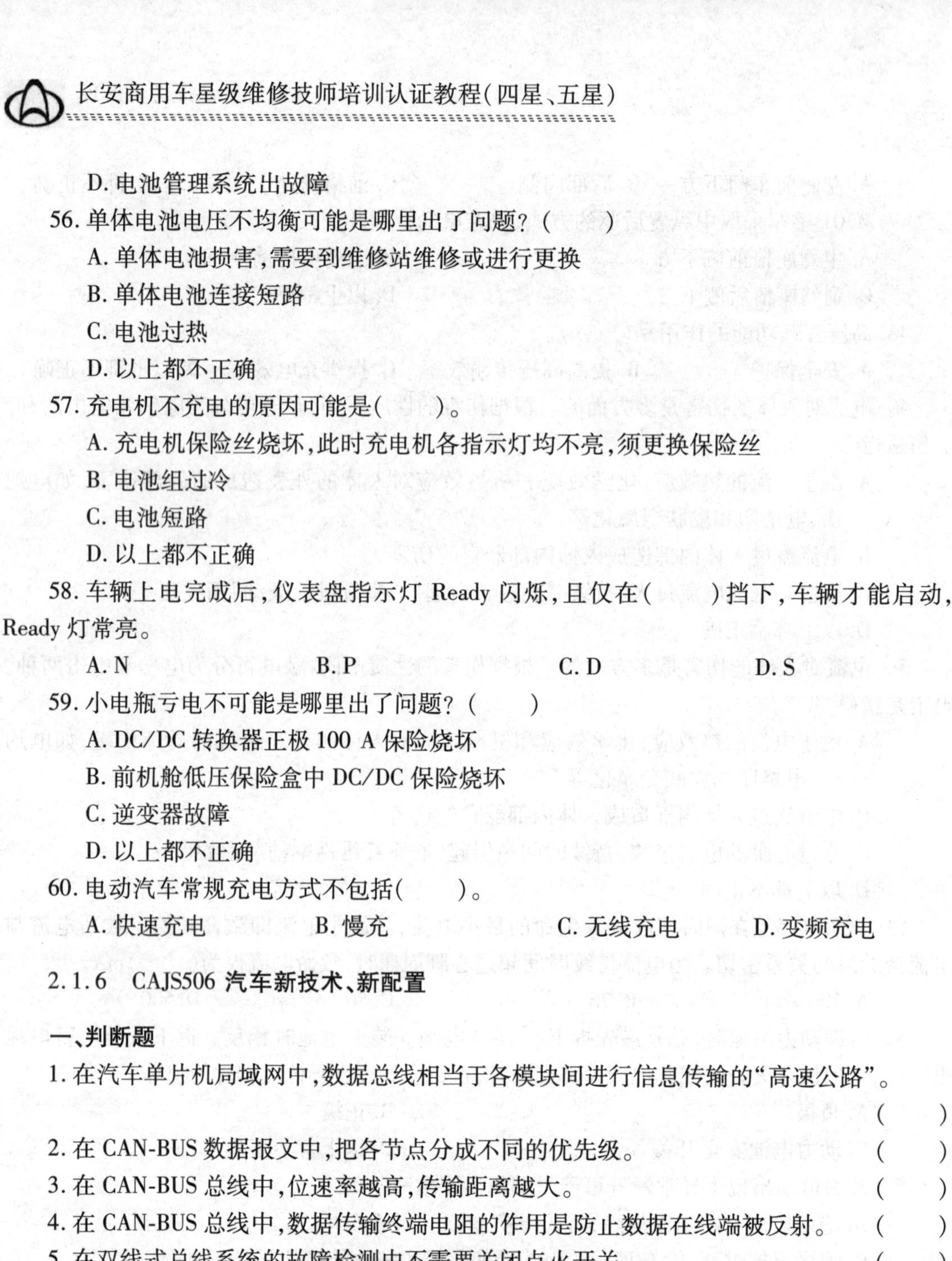

D. 电池管理系统出故障

56. 单体电池电压不均衡可能是哪里出了问题?( )

A. 单体电池损害,需要到维修站维修或进行更换

B. 单体电池连接短路

C. 电池过热

D. 以上都不正确

57. 充电机不充电的原因可能是( )。

A. 充电机保险丝烧坏,此时充电机各指示灯均不亮,须更换保险丝

B. 电池组过冷

C. 电池短路

D. 以上都不正确

58. 车辆上电完成后,仪表盘指示灯 Ready 闪烁,且仅在( )挡下,车辆才能启动,Ready 灯常亮。

A. N　　B. P　　C. D　　D. S

59. 小电瓶亏电不可能是哪里出了问题?( )

A. DC/DC 转换器正极 100 A 保险烧坏

B. 前机舱低压保险盒中 DC/DC 保险烧坏

C. 逆变器故障

D. 以上都不正确

60. 电动汽车常规充电方式不包括( )。

A. 快速充电　　B. 慢充　　C. 无线充电　　D. 变频充电

2.1.6 CAJS506 汽车新技术、新配置

一、判断题

1. 在汽车单片机局域网中,数据总线相当于各模块间进行信息传输的"高速公路"。( )

2. 在 CAN-BUS 数据报文中,把各节点分成不同的优先级。( )

3. 在 CAN-BUS 总线中,位速率越高,传输距离越大。( )

4. 在 CAN-BUS 总线中,数据传输终端电阻的作用是防止数据在线端被反射。( )

5. 在双线式总线系统的故障检测中不需要关闭点火开关。( )

6. 在 LIN-BUS 总线中,数据总线可采用单线。( )

7. CAN 网络一般使用一根单独的铜线作为传输介质。( )

8. CAN-BUS 数据总线的两条线缠绕在一起,被称为双绞线,其目的是为了防止外界电磁波的干扰、向外辐射。( )

9. 不同类型和速率的车载网络,可通过网关取得互联。( )

10. MOST 是一种舒适系统信息传送的网络标准。( )

11. 诊断总线用于诊断仪器和相应控制单元之间的信息交换,它被用来代替原来的 K 线或者 L 线的功能(废气处理控制器除外)。( )

12. 雪季带防滑链行驶时,必须关闭 ESP 系统。( )

13. 驾驶带 ESP 系统的车辆时,可以不用考虑行车的安全问题,随便驾驶。（ ）
14. 车轮运转速度越快,则轮速传感器的信号电压就越高。（ ）
15. ASR 是发动机牵引力控制功能的简称。（ ）
16. EBD 制动力分配是 ABS 系统的附加功能。（ ）
17. ESP 系统对制动压力传感器设定前必须先对系统进行排气。（ ）
18. 拆装电控单元的插接器时,可以不必关闭点火开关。（ ）
19. 电子制动力分配系统 EBD 主要用于对后轮制动力分配控制。（ ）
20. 汽车有了 EBD 制动分配系统后就可以不需要 ABS 系统。（ ）

二、单选题(每题只有一个正确答案,请将正确答案的序号填入括号内)

1. 在汽车网络中,用(　　)来约定各模块的优先权。
A. 数据总线　B. 通信协议　C. 总线速度　D. 信号快慢
2. 汽车网络大多属于(　　)拓扑结构的局域网。
A. 总线型　B. 星型　C. 环型　D. 直线型
3. CAN-BUS 的直接通信距离在速率为 5 KB/s 下,最远可达(　　)。
A. 10 km　B. 20 km　C. 5 km　D. 5 m
4. 在通信距离不超过 40 m 时,CAN-BUS 的通信速率最高可达到(　　)KB/s。
A. 1 000　B. 500　C. 250　D. 100
5. 在 CAN 总线各部分中,能对单片机和 CAN 收发器传来的数据进行处理的是(　　)。
A. CAN 数据传输线　B. CAN 数据传输终端电阻
C. CAN 控制器　D. 以上都不正确
6. 在 LIN-BUS 总线中,仅使用一根(　　)V 的总线连接。
A. 12　B. 10　C. 5　D. 8
7. 下列不属于驱动 CAN 数据总线连接的控制单元是(　　)。
A. 发动机控制单元　B. ABS/EDL 控制单元
C. 自动变速器控制单元　D. 空调控制单元
8. 下列不属于协议三要素的是(　　)。
A. 语义　B. 语法　C. 优先权　D. 定时规则
9. (　　)是汽车内部通信的核心,通过它可以实现各条总线上信息的共享,实现汽车内部的网络管理和故障诊断功能。
A. 仪表　B. MINI 中心　C. 网关　D. 诊断接口
10. LIN-BUS 总线采用(　　)模式工作,(　　)总线仲裁机制。
A. 单总机/多从机,需要　B. 多主机,需要
C. 单总机/多从机,不需要　D. 多主机,不需要
11. 下列不是汽车采用 CAN 总线系统的优点是(　　)。
A. 信息共享　B. 减少布线　C. 降低成本　D. 传输视频
12. 所有的控制单元在网关上必须(　　),才能进行正常的通信。
A. 注册　B. 登录　C. 重新安装　D. 以上都不正确
13. 确定数据传递优先级由(　　)完成的。
A. 安全域　B. 数据域　C. 状态域　D. 检查域

14. MOST 总线属于(　　)传输模式。

A. 单线　　B. 双线　　C. 三线　　D. 以上都不正确

15. 数据总线的速度称为(　　)。

A. m/s　　B. km/h　　C. 比特率　　D. 以上都不正确

16. 可以作为 CAN 总线传输介质的是(　　)。

A. 双绞线　　B. 同轴电缆　　C. 光纤　　D. 以上都正确

17. 在动力 CAN 总线中优先级别最高的是(　　)。

A. 发动机　　B. 变速箱　　C. ABS　　D. 空调

18. CAN-BUS 数据总线采用了两条数据线绕在一起的方式,如果一条线上的电压为 0 V,另一条线上的电压是(　　)V。

A. 0　　B. 5　　C. 12　　D. 13.5

19. 当处于休眠状态时,LIN 总线的电压为(　　)V。

A. 0　　B. 5　　C. 12　　D. 13.5

20. 在动力 CAN 总线系统中,总线可以同时传递(　　)组数据。

A. 2　　B. 6　　C. 8　　D. 10

21. 舒适 CAN 总线的工作电压为(　　)V。

A. 0　　B. 5　　C. 10　　D. 13.5

22. 下列不属于局域网的传输媒体是(　　)。

A. 双绞线　　B. 网线　　C. 同轴电缆　　D. 光纤

23. 一个 MOST 网络中最多可以有(　　)个节点。

A. 64　　B. 32　　C. 16　　D. 8

24. CAN 数据总线系统中,各控制单元间的数据传输实际上发生在(　　)之间。

A. 数据链路层　　B. 应用层　　C. 网络层　　D. 物理层

25. 为了保证光信号的传输,在铺设光纤时,安装了防弯折装置,用以保证最小(　　)mm 的曲率半径。

A. 23　　B. 24　　C. 25　　D. 26

26. 按 SAE 的车上网络等级标准,LIN 属于汽车上的(　　)级网络。

A. A　　B. B　　C. C　　D. D

27. 在舒适 CAN 总线的故障波形中,当 CAN-H 线对蓄电池正极短路时,其电压为(　　)V。

A. 0　　B. 1.5　　C. 3.5　　D. 12

28. 在汽车网络诊断接口 T16 中,其中 6 号端子代表(　　)。

A. 搭铁　　B. 正极　　C. CAN-H　　D. CAN-L

29. CAN-BUS 数据总线的两条线在数据传输时的电位是(　　)的。

A. 相同　　B. 相反　　C. 不一定　　D. 没有规律

30. 在汽车网络诊断接口 T16 中,其中 4 号端子代表(　　)。

A. 搭铁　　B. 正极　　C. CAN-H　　D. CAN-L

31. 当舒适系统 CAN 总线发生故障时,选择的是(　　)模式。

A. 单线　　B. 双线　　C. 三线　　D. 不确定

32. 在 MOST 网络系统中,各个模块之间的连接方式是( )。

A. 串联 B. 并联 C. 串、并联 D. 没有规律

33. LIN 总线的传输速率大,能达到舒适 CAN 总线的( )。

A. $\frac{1}{2}$ B. $\frac{1}{3}$ C. $\frac{1}{4}$ D. $\frac{1}{5}$

34. 双绞线是由两根各自封装在绝缘塑料套内的( )扭绞而成。

A. 铁线 B. 铜线 C. 铝线 D. 屏蔽线

35. CX70T 自动挡有( )组 CAN-BUS 总线。

A. 1 B. 2 C. 3 D. 0

36. 用万用表测量动力 CAN-BUS 两条总线之间的电阻值应为( )。

A. 120 Ω B. 240 Ω C. 60 Ω D. 无穷大

37. 下列不是汽车采用 LIN 总线系统的优点是( )。

A. 信息共享 B. 不需要仲裁

C. 降低成本 D. 传递速度比 CAN 总线快

38. 动力总线是由( )号线激活。

A. 15 B. 30 C. 50 D. 75

39. 在 LIN 数据总线系统中,( )不能作为 LIN 总线主控单元的从控单元。

A. 传感器 B. 执行元件 C. 自诊断接口 D. 控制单元

40. 局域网技术的典型特征是( )。

A. 高数据传输率 B. 低传输误码率

C. 极低的建立成本 D. 短距离传输

41. ESP 系统主要包括( )。

A. ABS 制动防抱死 B. ASR 驱动防滑

C. EDS 电子差速锁 D. 以上都正确

42. ABS 控制系统中,最常用的轮速传感器类型为( )。

A. 电磁式和霍尔式 B. 霍尔式和光电式

C. 光电式和电磁式 D. 以上都不正确

43. 关于 ESP 系统元件的安装,下列说法正确的是( )。

A. 转向角度传感器可以随意安装与拆卸

B. 横向加速度传感器安装完毕后可以不必匹配

C. CX70T 轮速传感器安装后不需要进行匹配

D. 以上都不正确

44. 转向角度传感器的主要作用不包括( )。

A. 向 ESP 系统提供转向角度的大小信息 B. 向 EPS 系统提供转向角度

C. 向 ABS 系统提供转向角度信息 D. 以上都不正确

45. ESP 系统在下列哪种情况下需要被关闭( )。

A. 在松软路面起步行驶时 B. 车轮带防滑链行驶时

C. 在测功仪上进行检测时 D. 以上都正确

46. 下列元件中不属于 ESP 系统的是( )。

A. 轮速传感器　　B. 制动开关
C. 转向力矩传感器　　D. 转向角度传感器

47. 关于 ESP 电子车身稳定系统,说明正确的是(　　)。
A. 可以主动对驾驶员的驾驶进行干预
B. 工作时,闪亮指示灯对驾驶员进行提醒
C. 可以对单个或多个进行车轮制动以修正车身行驶轨迹
D. 以上都正确

48. 左前轮传感器故障的原因可能是(　　)。
A. 传感器断路　　B. 传感器线圈短路　　C. 信号齿圈损坏　　D. 以上都正确

49. 欧尚遥控器一次可以配(　　)个。
A. 2　　B. 4　　C. 6　　D. 8

50. 车门控制单元和舒适控制单元之间是用(　　)连接的。
A. 同轴电缆　　B. 光缆　　C. 单根铜质导线　　D. 双绞线

51. 轮胎压力监控系统有 3 种方式,它们分别是直接式胎压监测、(　　)和复合式胎压监测。
A. 间接式胎压监测　　B. 红外线式胎压监测
C. 蓝牙式胎压监测　　D. 天线式胎压监测

52. 直接式轮胎压力监测系统又称为 PSBTPMS,它是利用安装在轮胎上的(　　)来测量轮胎的气压和温度的。
A. 探头　　B. 胎压表　　C. 压力传感器　　D. 轮速传感器

53. 是(　　)系统的报警灯。
A. 悬架　　B. 车轮　　C. 轮胎压力监测　　D. 制动

54. TPMS 的主要作用不包括(　　)。
A. 可减少悬架系统的磨损　　B. 延长轮胎使用寿命
C. 使行车更为经济　　D. 使行车动力性更好

55. 无钥匙进入及启动系统简称(　　)系统。
A. STT　　B. PEPS　　C. HBA　　D. PEPA

56. 无钥匙系统车门探测距离通常是(　　)。
A. 0.7 ~ 1.5 m　　B. 10 ~ 15 m　　C. 20 ~ 50 m　　D. 0.7 ~ 1.5 cm

57. 智能钥匙内安装三向的(　　)kHz 低频接收天线,保证智能钥匙在任意角度均能接收到良好的低频信号。
A. 433.92　　B. 125　　C. 100　　D. 25

58. 智能钥匙具备 3 个功能按键,实现遥控中控门锁功能。其具有的功能不包含(　　)。
A. 安全的射频链接钥匙将在用户携带的发射器和接收器之间提供一个安全的射频链接,这种射频链接对每个钥匙都是一样的
B. 安全的低频链接已匹配过的钥匙可以接收低频信号和发射射频响应信号
C. 电池低电压检测功能
D. 通过低频场强测试实现钥匙定位功能

59. CX70T 无钥匙系统共安装有(　　)个天线。

A. 3　　B. 4　　C. 5　　D. 6

60. CX70T 车外天线的探测范围在各个操作位置(车门和尾门)周围约 1.5 m 内,探测高度为(　　)。

A. 20 ~ 50 m　　B. 10 ~ 15 m　　C. 0.1 ~ 1.8 m　　D. 0.7 ~ 1.5 cm

61. 无钥匙系统的门把手内没有封装(　　)。

A. 低频天线　　B. 触感传感器　　C. 电容传感器　　D. 主控制器 BML

62. 根据一键启动系统的功能特点,踩刹车(　　)s 启动,踩刹车(　　)s 熄火。

A. 3,3　　B. 1,0.2　　C. 0.2,0.2　　D. 1,1

63. 一键启动系统中,控制器接通电子转向锁功率电源,并通过(　　)向电子转向锁发送锁止命令。

A. CAN 总线　　B. 传感器　　C. ECU　　D. BCM

64. 无钥匙系统任意一根天线出现故障时,无钥匙进入及无钥匙打开后备箱功能都将失效。除(　　)故障外,其他天线故障并不影响车辆启动。

A. 车门把手天线　　B. 排挡杆下方天线

C. 后备箱内天线　　D. 后保险杠内天线

65. 自动启停系统通过电脑判断车辆的状态,例如,车辆在红灯、堵塞等停滞状态,电脑可以控制发动机自动停止运行,并且停止运行阶段,并不影响(　　)的使用。

A. 水循环　　B. 车内空调、音响

C. 冷却系统　　D. 燃油系统

66. 分离式起动机/发电机启停系统是(　　)公司的产品。

A. 法雷奥　　B. Mazda　　C. 博世　　D. 德尔福

67. 在自动挡车型上,只要一松开刹车,或者转动方向盘,发动机又会马上自动点火,立即又可以踩油门起步,整个过程都处于(　　)挡状态。

A. R　　B. D　　C. N　　D. 2

68. 车辆起步后,一旦车速大于(　　)km/h,并且时间持续约 4 s,发动机启停功能就会自动激活。

A. 15　　B. 60　　C. 8　　D. 3

69. 自动启停功能自动关闭的技术条件不包含(　　)。

A. 车速为 0　　B. 制动真空度过小

C. 驾驶员系好安全带　　D. 水温过低

70. 出现仪表“SS”黄灯闪烁后常亮的情况,说明有(　　)相关故障发生。

A. ABS 系统　　B. ESP 系统　　C. 启停系统　　D. 电子悬架系统

71. EBD 是(　　)系统。

A. 防抱死系统　　B. 电子制动力分配系统

C. 车身稳定系统　　D. 防滑系统

72. EBD 系统是在 ABS(　　)控制基础上增加的附加装置,EBD 和 ABS 系统相结合能在保持方向稳定的同时缩短汽车制动距离。

A. 二通道　　B. 三通道　　C. 四通道　　D. 五通道

73. EBA 是(　　)。

A. 紧急制动辅助系统　　B. 电子制动力分配系统

C. 车身稳定系统　　D. 防滑系统

74. EBA 主要用于(　　)车型。

A. 后驱车　　B. 前驱车　　C. 越野车　　D. 以上都不正确

75. TCS 牵引力控制系统,核心传感器是驱动轮上的(　　)。

A. 车速传感器　　B. 压力传感器　　C. 无线传感器　　D. 轮速传感器

76. TCS 系统可以利用(　　)检测汽车的行驶状态,判断汽车是直线行驶还是转弯,并适当地改变各轮胎的滑转率。

A. 相对位置传感器　　B. 轮速传感器

C. 天线　　D. 转向盘转角传感器

77. 汽车的五大主动安全系统,(　　)最高级最先进。

A. ABS 系统　　B. ESP 系统　　C. TCS 系统　　D. EDB 系统

78. 以下(　　)不是 ESP 系统使用的注意事项。

A. ESP 警告灯连续闪烁,说明车轮已经发生横向滑移,系统正在进行控制,此时如果急加速 ESP 系统将会退出控制

B. 如果误换了一条直径略大的轮胎,行驶中 ESP 警告灯(K155)会间歇点亮

C. 汽车在冰雪路面上超过 70 km/h 行驶时,ESP 系统虽然可以减少紧急避让和转弯时的侧滑,但仍然会出现较为明显的侧滑

D. 发动机排气管发生泄漏, ESP 系统也不会退出控制

79. 转向盘转角传感器一般采用(　　)的输出方式,因此用示波器和专用检测仪的示波器功能检测会更加直观有效。

A. 电压信号　　B. 电流信号　　C. 数字信号　　D. 脉冲信号

80. (　　)系统除了自身的传感器发生短路或断路故障外,如果制动压力和喷油脉宽等失控,系统也将退出控制。

A. ESP　　B. 燃油　　C. EPS　　D. 自动悬挂

2.1.7　CAJS507 典型故障的分析及交流

一、判断题

1. 对喷油器进行检测时,可以检测电阻值,一般喷油嘴的电阻为 100 Ω 左右。　(　　)

2. 三元催化转化器主要转化 HC、CO 和氮氧化合物。　(　　)

3. 在发动机控制系统中电子控制单元都设有自诊断系统对控制系统各部分的工作情况进行监测。　(　　)

4. 氧传感器显示过浓的故障原因可能是油压过高或者喷油嘴泄漏。　(　　)

5. 积炭过多会导致发动机缸压压力过低。　(　　)

6. 检测水温传感器时,拆下水温传感器,将水温传感器置于热水中。用万用表测量水温传感器两端子之间的电阻值,其值应增大。　(　　)

7. 废气再循环是目前用于降低 NO_x 排放的一种有效措施。　(　　)

8. 发动机冷车启动困难的主要原因是混合气过浓。　(　　)

9. 在加油时车辆有放炮回火的现象,其故障原因是混合气浓度过浓,点火正时过迟。（　　）

10. 混合气燃烧不充分会造成排气管冒黑烟。（　　）

11. 当空调系统泄漏时,无须检查,可直接对其进行补充制冷剂。（　　）

12. 使用氟表对空调系统维护时,补充冷冻油后,必须对系统进行再次抽真空。（　　）

13. 当故障被排除后应将 ECU 中存储的故障码清除。（　　）

14. 活塞环与汽缸壁磨损过大会导致发动机油耗过大。（　　）

15. 使用电子检漏仪对制冷系统进行测漏时,应将探头放到管路下方进行检查。（　　）

16. 长期不更换汽油滤清器会造成车辆加速无力。（　　）

17. 在对氧传感器进行检测时,信号电压应在 0.1 ~0.9 V 波动。（　　）

18. 电控汽油喷射发动机在怠速时测燃油系统的压力为 150 kPa,其压力值是正常的。（　　）

19. 发动机活塞的敲击异响是“吭吭”声。（　　）

20. 只要 ABS 系统正常,则 ABS 故障指示灯应在什么情况下都不点亮。（　　）

二、单选题(每题只有一个正确答案,请将正确答案的序号填入括号内)

1. 对压缩机的检测,下列说法正确的是(　　)。

A. 用手触摸压缩机进出口温度,若温度相差不大,说明压缩机工作正常

B. 压缩机正常工作时,进口温度冰凉,出口温度有些发烫

C. 压缩机卡滞,对电磁离合器没有影响

D. 变排量压缩机一般不会损坏

2. 出现以下哪种情况时,制动警告灯点亮属于正常现象?(　　)

A. 制动警告灯对地短路　　B. 拉起驻车制动时

C. 制动液液位不足时　　D. 以上都正确

3. 汽油发动机在运转时,由于没有点火、混合气过稀或过浓、压缩压力过低或其他原因,导致吸入汽缸内的混合气不能燃烧,称为(　　)。

A. 失火　　B. 着火　　C. 损坏　　D. 敲缸

4. 如果发动机 ECU 接收的节气门位置传感器的两个角度传感器都没有发出信号,则采取哪种措施?(　　)

A. 发动机仅在 1 500 r/min 的高怠速状态下运行,并且不再对加速踏板作出响应

B. 发动机正常工作,加速踏板也能正常工作

C. 发动机熄火,无法继续行驶

D. 发动机运行一段时间熄火

5. 讨论气囊胀开时,甲说气囊胀开后,驾驶员一侧的气囊在 1 s 后瘪掉。乙说从撞击瞬间起到气囊充满气为止的时间小于 100 ms。试问谁正确?(　　)

A. 甲正确　　B. 乙正确　　C. 两人都正确　　D. 两人都不正确

6. 下列关于汽车电控悬架 ECU 对行车过程而实施控制的叙述,正确的是(　　)。

A. 防下坐控制时,需将弹簧刚度和减振阻尼力调节为“中等”状态

B. 为抑制汽车制动时栽头,需将弹簧刚度和减振阻尼力调节为“中等”状态

C. 将弹簧刚度和阻尼力变成“中等”或“坚硬”状态,可有效抑制汽车的上下跳振

D. 以上都正确

7. 安全气囊是否引爆取决于汽车碰撞时的(　　)大小和碰撞角度。

A. 减速度　　B. 碰撞能量　　C. 车身刚度　　D. 碰撞力

8. ABS 控制系统中,最常用的轮速传感器类型为(　　)。

A. 电磁式和霍尔式　　B. 霍尔式和光电式

C. 光电式和电磁式　　D. 以上都不正确

9. 控制转向灯按照一定频率闪烁的零件是(　　)。

A. 转向开关　　B. 转向灯　　C. 闪光继电器　　D. 危险警报开关

10. 在氙灯照程调节系统中,检测车体状态的是(　　)。

A. 控制单元　　B. 前后水平位置传感器

C. 大灯电机　　D. 天线

11. 检查和调整大灯的必要条件是(　　)。

A. 轮胎充气压力正常　　B. 发动机正常

C. 仪表正常　　D. 车辆必须处于加载状态

12. 车窗不工作的电路故障原因没有(　　)。

A. 转向开关断路　　B. 熔断丝烧毁

C. 车窗电动机失效　　D. 线路连接松动、断线或搭铁不良

13. 下列说法错误的是(　　)。

A. 检修安全气囊时,均应摘下蓄电池的负极导线

B. 检修安全气囊时,可以使用欧姆表测量电子点火器的电阻

C. 检修安全气囊时,主件及控制单元应避免受到磕碰和振动

D. 安全气囊装置不允许打开或修理

14. 车门控制单元和舒适控制单元之间是用(　　)连接的。

A. 同轴电缆　　B. 光缆　　C. 单根铜质导线　　D. 双绞线

15. 空调制冷系统压力正常应为(　　)。

A. 高压 1.5 MPa,低压 0.15 MPa　　B. 高压 150 kPa,低压 15 kPa

C. 高压 2.0 MPa,低压 0.2 MPa　　D. 高压 200 kPa,低压 20 kPa

16. 电控汽油发动机空气传感器或进气歧管压力传感器信号作为(　　)和燃油喷射的主控信号。

A. 点火控制　　B. 怠速控制　　C. 启动控制　　D. 水温控制

17. 下列不属于空调控制系统的是(　　)。

A. 膨胀阀　　B. 压缩机电磁离合器　　C. 空调开关　　D. 以上都正确

18. 当空调制冷系统泄漏时,采用哪种方法可以对其检漏(　　)。

A. 泡沫检漏法　　B. 电子检漏法　　C. 荧光检漏法　　D. 以上都正确

19. 关于电控悬架压缩空气系统元器件的安装位置,说法不正确的是(　　)。

A. 变阻尼减振器安装于空气弹簧的上端

B. 高度控制排气电磁阀安装于空气干燥器的末端

C. 高度控制电磁阀安装于空气干燥器的末端和气动减震器之间

D. 以上都不正确

20. 制冷系统压力检测高压为 2.0 MPa，低压为 0.3 MPa，造成这一现象的可能原因是（　　）。

A. 膨胀阀堵塞　　B. 压缩机内部故障，压缩能力下降

C. 制冷剂充注过多　　D. 以上都有可能

21. 引起制冷系统异响的主要部件为（　　）。

A. 压缩机　　B. 冷凝器　　C. 膨胀阀　　D. 蒸发箱

22. 关于蒸发箱的说法不正确的是（　　）。

A. 蒸发箱温度过低的话，容易造成“霜堵”现象

B. 蒸发箱的主要作用是为制冷剂提供足够的蒸发空间

C. 蒸发箱表面温度越低越好

D. 制冷剂通过蒸发箱进行蒸发，并吸收蒸发箱周围大量的热

23. ABS 系统在道路试验时，下列说法不正确的是（　　）。

A. 当 ABS 故障指示灯亮时，ABS 系统不工作

B. 制动时 ABS 系统工作，则踏板会产生剧烈震动

C. 制动时，踏板发软、下沉属于正常现象

D. 在干燥路面上行驶时，ABS 系统可以有效地缩短制动距离

24. 对制冷系统进行维护时，氟表（　　）。

A. 可以不用进行放气　　B. 高低压维护管不可反接

C. 空调运行时，可以从高压端充入　　D. 以上说法都不正确

25. 在进行单缸断火试验时，声响无变化可能是（　　）。

A. 活塞销响　　B. 曲轴轴承响　　C. 活塞环响　　D. 火花塞响

26. 发动机转速稳定时，看到观察窗呈油雾状或出现机油条纹，高低压压力值都低于正常值说明（　　）。

A. 制冷剂适量　　B. 制冷剂量略有不足

C. 制冷系统中有水分　　D. 制冷剂严重不足

27. 对空调制冷系统进行压力检测时，高压侧压力过高，低压侧压力过低，可能是（　　）。

A. 膨胀阀故障　　B. 制冷系统中存在空气

C. 压缩机损坏　　D. 制冷系统泄漏

28. 压缩机卡滞可能会导致（　　）。

A. 压缩机皮带打滑，异响甚至断裂　　B. 制冷系统中高压侧压力过低

C. 制冷剂不循环　　D. 以上说法都正确

29. 从低压侧充注制冷剂时，（　　）。

A. 可以将氟罐倒置，以加快充注速度

B. 可以将制冷剂罐浸入温水中进行充注

C. 充注时，发动机可以不必运转

D. 以上说法都不正确

30. 下列问题中最不可能导致 ABS 系统间歇性故障的是（　　）。

A. 车轮传感器插接器接头损坏　　B. 车轮传感器线路断路

C. 电控单元插接器内松动　　D. 控制单元内部电磁阀接线端子开焊

31. ESP 系统在下列哪种情况下需要被关闭(　　)。

A. 在松软路面起步行驶时　　B. 车轮带防滑链行驶时

C. 在测功仪上进行检测时　　D. 以上情况全对

32. 关于 ESP 系统元件安装,下列说法正确的是(　　)。

A. 转向角度传感器可以随意地安装与拆卸

B. 横向加速度传感器安装完毕后可以不必匹配

C. 轮速传感器安装后不需要进行匹配

D. 以上都不正确

33. 在对 ABS 系统进行维修时(　　)。

A. 应关闭点火开关后,才可以拔下 ABS 电控单元的插头

B. 当轮速传感器信号偏弱时,应注意检查信号齿圈的清洁

C. 更换 ABS 系统总成时,应注意对各个管路进行标记

D. 以上说法都正确

34. 氟表上的 3 根软管分别为(　　)。

A. 红色:高压管;蓝色:维护管;黄色:低压管

B. 红色:维护管;蓝色:高压管;黄色:低压管

C. 红色:高压管;蓝色:低压管;黄色:维护管

D. 红色:低压管;蓝色:高压管;黄色:维护管

35. 发动机运转过程中逐渐熄火,多为(　　)故障。

A. 启动系统　　B. 点火系统　　C. 供油系统　　D. 冷却系统

36. 每当汽车经过一个颠簸时,机油报警灯均要发光,下面哪项是最可能的故障原因?(　　)

A. 机油压力低　　B. 发送装置短路接地

C. 灯电路断路　　D. 发送装置导线松动或有短路故障

37. 用汽缸压力表检测汽缸压缩压力时,测得压力如高于原设计规定,可能的原因是(　　)。

A. 燃烧室内积炭过多　　B. 汽缸磨损过大

C. 气门关闭不严　　D. 以上都正确

38. 下列关于电子节气门的叙述不正确的是(　　)。

A. 节气门位置传感器的电压信号应该从怠速时的 1 V 平稳地上升到节气门全开时的 6 V

B. 节气门位置传感器故障将导致怠速转速偏移

C. 节气门传感器属于一个滑动电阻

D. 节气门传感器工作时需要提供一个参考电压

39. 当观察点火波形时,某个汽缸的击穿电压较高,可能由以下哪个原因引起?(　　)

A. 火花塞电路短路　　B. 次级电路电阻值过大

C. 混合气过浓　　D. 汽缸的压缩压力低

40. 压缩机的进气管和排气管(　　)。

A. 进气管比排气管细,且进气管温度比排气管温度低

B. 进气管比排气管粗,且进气管温度比排气管温度高

C. 进气管比排气管细,且进气管温度比排气管温度高

D. 进气管比排气管粗,且进气管温度比排气管温度低

41. 出现左前轮传感器故障的原因可能是(　　)。

A. 传感器断路　　B. 传感器线圈短路

C. 信号齿圈损坏　　D. 以上都正确

42. ABS 系统在泄压时进油阀与出油阀(　　)。

A. 进油阀开出油阀关　　B. 进油阀与出油阀都关闭

C. 进油阀关出油阀开　　D. 进油阀与出油阀都打开

43. 在讨论气囊系统警告灯时,甲说有些系统的这种警告灯在发动机启动后应闪光 7 ~9 次,然后熄灭。乙说有些系统的这种警告灯在发动机启动时应该发亮。试问谁正确?(　　)

A. 甲正确　　B. 乙正确　　C. 两人都正确　　D. 两人都不正确

44. 在讨论安全气囊系统的检修时,甲说搬动气囊组件,应将装饰盖面对身体。乙说将电阻表连接到气囊组件的接线端上,可测试该组件。试问谁正确?(　　)

A. 甲正确　　B. 乙正确　　C. 两人都正确　　D. 两人都不正确

45. 甲在更换气囊组件时检查螺旋电线连接有无损坏迹象。乙用自备电源的万用表以确定系统工作状态是否正常。试问谁正确?(　　)

A. 甲正确　　B. 乙正确　　C. 两人都正确　　D. 两人都不正确

46. 甲技师说在拆卸、检查和安装中手不要触及镜头透镜。技师乙说在检修时,不能用眼睛直视激光光路的方法来确定激光是否接通。试问谁正确?(　　)

A. 甲正确　　B. 乙正确　　C. 两人都正确　　D. 两人都不正确

47. GPS 定位系统中,三维定位最少需要几颗卫星?(　　)

A. 4 颗　　B. 5 颗　　C. 6 颗　　D. 7 颗

48. 电子控制的中央门锁控制系统包括 3 个部分,即信号输入装置、电子控制单元及(　　)。

A. 执行器　　B. 控制器　　C. 门锁总成　　D. ECU

49. 下列不属于电子防盗控制系统功能的是(　　)。

A. 防止非法进入汽车的防盗系统

B. 防止破坏或非法搬运汽车的防盗系统

C. 电子控制防盗系统

D. 发动机防盗锁止控制系统

50. 转向系统的齿轮啮合间隙调整不当会造成(　　)故障。

A. 转向盘自由转动量过大　　B. 自动跑偏

C. 前轮摆振　　D. 以上都正确

51. 转向轮某一侧的前稳定杆、下摆臂变形会造成(　　)故障。

A. 转向盘自由转动量过大　　B. 转向沉重

C. 自动跑偏　　D. 以上都正确

52. 检查电动车窗左后电动机时,用蓄电池的正负极分别接电动机连接器端子后,电动机转动,互换正负极和端子的连接后,电动机反转,说明(　　)。

A. 电动机状况良好　　B. 不能判断电动机的好坏
C. 电动机损坏　　D. B 或 C

53. 电喷发动机有轻微的怠速不稳且加速时经常熄火,可能的原因是(　　)。
A. EGR 阀卡在关闭状态　　B. EGR 阀的膜片复位弹簧弹力不足
C. EGR 的真空管阻塞　　D. EGR 废气管阻塞

54. 加速踏板突然变沉的原因(　　)。
A. 强制降挡阀轻微卡滞　　B. 节气门阀卡滞
C. 单向阀卡滞　　D. 主调压阀卡滞

55. 倒车雷达探头探测范围是有一定限制的,一般在水平面上的探测角度为(　　)。
A. 120°　　B. 90°　　C. 180°　　D. 360°

56. 温度仪表不准确,技术员甲说故障可能是仪表或发送装置故障所致。技术员乙说故障可能是仪表电压调节器故障所致。试问谁正确?(　)
A. 甲正确　　B. 乙正确　　C. 两人都正确　　D. 两人都不正确

57. 倒车蜂鸣器在车距障碍物约(　　)m 时,蜂鸣器发出了 75 ms 的音频脉冲开始报警。此后车与障碍物间的距离越短,音频脉冲间隔越小(声音越急)。
A. 1.5　　B. 5　　C. 3　　D. 0.5

58. 在 CAN 总线各部分中,能对单片机和 CAN 收发器传来的数据进行处理的是(　　)。
A. CAN 数据传输线　　B. CAN 数据传输终端电阻
C. CAN 控制器　　D. ECU

59. (　　)是汽车内部通信的核心,通过它可以实现各条总线上信息的共享,实现汽车内部的网络管理和故障诊断功能。
A. 仪表　　B. MINI 中心　　C. 网关　　D. 诊断接口

60. 在动力 CAN 总线中优先级别最高的是(　　)。
A. 发动机　　B. 变速箱　　C. ABS　　D. 空调

61. CAN-BUS 数据总线采用了两条数据线绕在一起的方式,如果一条线上的电压为 2.6 V,另一条线上的电压是(　　)V。
A. 0　　B. 2.4　　C. 5　　D. 12

62. 汽车车内外空气温度传感器用(　　)电阻制成的。
A. 正温度系数　　B. 临界温度系数　　C. 负温度系数　　D. 金属热线

63. 在拆下蓄电池搭铁线不少于(　　)s 后才可以进行安全气囊的作业。
A. 5　　B. 15　　C. 10　　D. 20

64. 一般随着发动机水温逐渐升高,电控单元控制喷油量逐渐(　　)。
A. 增加　　B. 减少　　C. 不变　　D. 先增加再减少

65. 下列属于电控转向助力系统的是(　　)。
A. 转向角度传感器　　B. 转向力矩传感器
C. 转向角速度传感器　　D. 以上都正确

66. 在电控悬架系统中,悬架的弹簧刚度和减振阻力控制不起作用时,无须检查(　　)装置。
A. 悬架控制执行器及电路　　B. TC 端子电路和 TS 端子电路

C. 悬架控制执行器电源电路　　D. 悬架高度传感器电路

67. 下列方法不属于故障模拟法的是(　　)。

A. 振动法　　B. 水淋法　　C. 加热或制冷法　　D. 观察触摸法

68. 进气惯性增压系统是通过改变(　　)达到进气增压效果。

A. 废气流动路线　　B. 压力波传播路线长度

C. 进气管长度　　D. 进气通道截面积

69. 转向角度传感器的主要作用不包括(　　)。

A. 向 ESP 系统提供转向角度的大小信息　　B. 向 EPS 系统提供转向角度

C. 向 ABS 系统提供转向角度信息　　D. 以上说法都不正确

70. 发动机启动困难时,不需要检查的部位是(　　)。

A. 水温传感器　　B. 火花塞　　C. 喷油器　　D. 氧传感器

71. 发动机急加速不良的原因不是(　　)。

A. 节气门信号　　B. 进气量信号　　C. 油压过低　　D. 怠速阀不良

72. 汽油机废气排放的一氧化碳和碳氢化合物都较高的原因是(　　)。

A. 混合气过浓　　B. 混合气过稀

C. 单缸不工作　　D. 氧传感器信号断路

73. 自动变速器经常在 60 ~ 70 km/h 时出现震抖,应重点检查(　　)。

A. 车速传感器　　B. 四挡执行器　　C. 单向离合器　　D. 锁止离合器

74. 关于 ABS 系统下列说法不正确的是(　　)。

A. 当故障指示灯点亮时,ABS 系统一定有故障码储存

B. ABS 系统停止工作后,常规制动还可以正常使用

C. 当制动液液面低于正常值时,ABS 系统退出工作

D. 即便是 ABS 系统正常,也不是在什么时候都起作用

75. 机油压力过高可能由(　　)引起。

A. 机油黏度过大　　B. 机油黏度过小

C. 机油泵不工作　　D. 传感器故障

76. 空调系统运转过程中,低压侧压力有时成负压,说明(　　)。

A. 压缩机损坏　　B. 制冷系统中有空气

C. 制冷系统中有水分　　D. 膨胀阀故障

77. 燃油压力过高可能是(　　)出现故障。

A. 燃油泵　　B. 燃油滤清器　　C. 油压调节器　　D. 油门

78. 汽油机启动时有反转,怠速和急加速时有敲缸现象,则故障为(　　)。

A. 点火时间过迟　　B. 点火时间过早　　C. 触点间隙过小　　D. 油门故障

79. 可作为汽油机供给系统的诊断参数是(　　)。

A. 喷油器喷油压力　　B. 车轮侧滑量

C. 车轮前束值　　D. 节气门位置

80. 发动机出现声响钝哑,随转速增高而加大,而且变为嘈杂声响,机油加注口处冒成脉动状蓝烟,频率与声响吻合,可能的故障原因是(　　)。

A. 汽缸壁润滑不良

B. 活塞环、活塞环与缸壁或环槽处故障

C. 曲轴、曲轴轴承故障

D. 凸轮轴、凸轮轴轴承故障

2.1.8 CAJS508 如何做好培训师

一、判断题

1. 评价目的是制订培训评价方案的重要内容之一。 ( )

2. 培训评价是通过系统地收集信息,对职业培训的属性、价值作出判断的过程。 ( )

3. 通过专业的试乘试驾,使客户对产品性能有了进一步的良好体验,加强客户的购买信心。 ( )

4. 销售顾问或销售前台主动询问并提供饮料给客户。 ( )

5. 前台的热线电话在下班时间,可以将客户来电转接到展厅经理的手机上。 ( )

6. 内训师每天都要参加早夕会与销售顾问探讨客户抗拒和相应的销售话术,收集整理并及时更新。 ( )

7.《职业教育法》规定,职业学校和职业培训机构应突出教育,不得与生产经营挂钩。 ( )

8. 培训项目和课程开发是全局与局部的关系。 ( )

9. 人力资源管理是人力资源开发基础和前提。 ( )

10. 培训教学管理体系由人员系统和物质系统两个方面构成。 ( )

11. 培训用语能用短语,就尽量不用句子。能用短句,就尽量不用长句。能用句子,就尽量不用段落。 ( )

12. 企业培训的教学过程模式中,"模仿—练习"教学过程模式的特点是以经验为中心,积累教学,它强调在实践中掌握实用技术。 ( )

13. 策划培训项目不需要确定对象、内容及方式。 ( )

14. 培训师应具备的素质较普通学校教师更为广泛、多元与专门化。 ( )

15. 对培训需求信息进行分析时,最重要的是确保信息的及时性。 ( )

16. 课程审定能够优化培训课程方案,但不能完善培训项目实施计划。 ( )

17. 培训测试时,客观测试的优点是试题覆盖面广,评分简单,客观性强。 ( )

18. 培训总体计划的周期有长期性特点,中期和短期培训不在内。 ( )

19. 培训教学的组织与实施属于培训的四个阶段中的策划阶段。 ( )

20. 头脑风暴法是一种与创造性培训相适应的培训方法。 ( )

二、单选题(每题只有一个正确答案,请将正确答案的序号填入括号内)

1. 培训师只有积极参加实践活动,不断提高业务水平和工作能力,才能把( )工作做得更有实效。

A. 政治 B. 教育 C. 职业培训 D. 理论研究

2. 在制订评价指标体系后,还必须确定( )才能进行正确的分析与判断。

A. 指标的权重 B. 指标的分类 C. 指标的分配 D. 指标的框架

3. 年度评价集的核心内容是培训的( ),其具体标准是对口就业率和工作效率。

A. 培训目标 B. 培训评价 C. 教学质量 D. 教学方法

4. 在企业培训活动中,培训师的(　　)决定了工作的质量和效果。
A. 职业道德　　B. 职业态度　　C. 业务水平　　D. 工作能力
5. 下列不属于人力资源开发的基本工作程序的是(　　)。
A. 设计培训课程方案　　B. 出版培训教材　　C. 培训效果评估　　D. 需求分析
6. 传授式教学,在现代培训中有着独特的优势和特性,特别是对于(　　)培训,这种形式十分有效。
A. 理论性　　B. 互动性　　C. 技能性　　D. 参与性
7. 审定培训课程内容开发方案中的适用性原则是指课程对学员的(　　)。
A. 针对性、指向性、可接受性　　B. 系统性与科学性
C. 主观性与原则性　　D. 客观性与可操作性
8. (　　)是指导企业未来3~5年培训发展全局的计划和策略。
A. 企业培训手册　　B. 企业培训课程体系
C. 企业战略规划　　D. 企业培训规划
9. 为适应现代培训理念,培训教材在开发过程中,要树立与之相适应的(　　)理念。
A. 短、平、变、新、灵　　B. 短、快、平、新、优
C. 短、平、变、新、优　　D. 短、快、变、新、灵
10. 示范指导教学过程模式的基本程序是(　　)。
A. 示范—模仿—指导—传授—评定　　B. 示范—模仿—指导—熟练—评定
C. 示范—模仿—传授—纠正—评定　　D. 示范—模仿—传授—熟练—评定
11. 头脑风暴法是指通过(　　)形式,提出针对具体项目的策划创意。
A. 会议　　B. 问卷调查　　C. 系统解决问题　　D. 智能放大
12. (　　)是职业技术课程目标确定的主要依据。
A. 职业分析　　B. 职业需求　　C. 职业目标　　D. 职业能力
13. 示范性培训课程的显著特点之一是(　　)。
A. 以企业新产品为基本特征　　B. 以行业新产品为基本特征
C. 以高新技术的应用为基本特征　　D. 以高新技术的交易为基本特征
14. (　　)是对培训教材审核的内容之一。
A. 培训需求　　B. 培训策划内容
C. 技能与知识比重　　D. 培训组织形式
15. 培训教材审核的"目标导向原则"要求审核工作始终要认准(　　)。
A. 培训需求　　B. 培训目的　　C. 培训形式　　D. 培训目标
16. 招聘、任用、选拔培训师主要从(　　)方面进行评估。
A. 教学状态　　B. 教学态度
C. 工作态度、业务素质条件　　D. 业务能力
17. 对培训机构的评估是对培训机构的(　　)和功能发挥程度的分析判断和评定。
A. 教师状况　　B. 教育教学状况　　C. 人员状况　　D. 设施状况
18. 制订培训项目计划在ISO 10015中属于(　　)阶段。
A. 涉及和策划培训　　B. 确定培训需求　　C. 组织实施培训　　D. 培训效果
19. 开发培训项目在ISO 10015培训质量管理体系之属于(　　)阶段。

A. 确定培训需求　　B. 设计和策划培训
C. 组织与实施培训　　D. 评价培训结果

20. 高级企业培训师指导开发培训课程的重点是(　　)。
A. 培训需求分析　　B. 培训课程开发的必要性
C. 开发培训课程的需求定位和开发方法　　D. 培训开发的科学性

21. 人员素质测评的可行性原则要求,方案所涉及的实施方式和步骤要求,方案所涉及的实施方式和步骤组织管理等,一定要与(　　)的实际相结合,必须切实可行。
A. 国家　　B. 地区　　C. 本单位　　D. 个人

22. 培训员工学会如何使用企业新购置设备属于(　　)。
A. 重复性培训需求　　B. 短期性培训需求
C. 长期性培训需求　　D. 中期性培训需求

23. 培训需求的整体分析是针对组织的目标设置,确定符合组织的(　　)的培训需求。
A. 整体目标与战略要求　　B. 整体层次与战略要求
C. 整体需求和战略要求　　D. 整体目标与整体需求

24. 在个体层次进行培训需求预测主要是通过个体现有状况与应有状况之间的差距来确定(　　)。
A. 培训层次　　B. 培训类型
C. 培训具体对象和内容　　D. 培训范围

25. 培训项目审定的根本作用在于发现问题、提出纠正的办法,以提高培训项目开发方案的(　　)。
A. 可操作性　　B. 质量　　C. 可行性　　D. 客观性

26. 培训规划的特点是(　　)。
A. 规范性、普遍性、有效性　　B. 系统性、规范性、有效性
C. 规范性、普遍性、时效性　　D. 系统性、普遍性、有效性

27. (　　)是职业技术课程内容选择的主要方法。
A. 职业分析　　B. 职业需求　　C. 职业目标　　D. 职业能力

28. 审定教材的基本程序是(　　)。
A. 对教材进行具体分析→进行一般了解→撰写分析报告→给出定性结论
B. 对教材进行一般了解→进行具体分析→给出定性结论→撰写分析报告
C. 对教材进行一般了解→进行具体分析→撰写分析报告→给出定性结论
D. 对教材进行一般了解→撰写分析报告→进行具体分析→给出定性结论

29. (　　)是对培训教材审核的内容之一。
A. 培训需求　　B. 培训策划形式
C. 教材内容和教材结构　　D. 培训组织形式

30. 对培训机构的评估是对某个培训机构的教育、教学状况和(　　)的分析、判断和评定。
A. 教师状况　　B. 设施状况　　C. 人员状况　　D. 功能发挥程度

31. 高级企业培训师在指导开发培训项目时,必须先判断培训项目的选择是否具有(　　)。

A. 必要性和可行性　　B. 逻辑性和必要性
C. 实施性和原则性　　D. 针对性和可行性

32. 高级企业培训师指导开发培训课程的重点是(　　)。
A. 开发培训课程的必要性
B. 开发培训课程的需求定位和开发方法
C. 开发培训课程的可行性
D. 开发培训课程的科学性

33. 下列哪些是岗位职务描述档案应用过程中应遵循的基本原则?(　　)
A. 整体性原则　　B. 知识性原则　　C. 灵活性原则　　D. 方向性原则

34. 下列哪项是以人为对象的职业?(　　)
A. 户外作业型　　B. 管理与组织型　　C. 纯粹技术型　　D. 工作技术型

35. 分析测验结果的核心问题,就是(　　)。
A. 对于分数的解释　　B. 对于分数的分析
C. 对于试题的解释　　D. 对于试题的分析

36. 题目的覆盖面问题主要体现在(　　)。
A. 看题目的标准化　　B. 看所出试题是否具有代表性
C. 看题目的公平性　　D. 看题目的正确性

37. 培训师应遵循以(　　)为指引的原则。
A. 示范典范　　B. 指导督导　　C. 帮助交流　　D. 肯定表扬

38. 帮助员工提高能力,改进工作业绩属于(　　)。
A. 培训　　B. 评价　　C. 指导　　D. 激励

39. 一名优秀的培训教师,根据学员的表情能分辨出他们是否明白教学内容,这就是与指导对象(　　)的过程。
A. 认识　　B. 交流　　C. 实践　　D. 讨论

40. 下列哪项是培训评价方案包括的基本内容?(　　)
A. 评价主持人　　B. 评价标准集
C. 评价结果　　D. 评价理论体系

41. (　　)是指从业人员对所从事职业的看法、认知及其在工作中的表现。
A. 职业态度　　B. 职业道德　　C. 职业能力　　D. 工作经历

42. 特殊板的运用是教学的(　　)。
A. 主要形式　　B. 辅助形式　　C. 创新形式　　D. 陈旧形式

43. 编辑培训教材要遵循以下哪项原则?(　　)
A. 突出理论性原则　　B. 固定性原则
C. 创新性与新颖性原则　　D. 注重学科体系原则

44. 列入教材的内容,特别注重吸纳新技术和技能,做到教材的核心内容与当代科技保持同步,这是教材编辑的(　　)原则。
A. 实用性　　B. 系统性
C. 创新性　　D. 反映最新科技成果

45.（　　）是课程开发的核心。

A. 制约机制　　B. 社会需求　　C. 个性发展　　D. 企业发展

46. 职业培训课程的评价主要采用（　　）。

A. 背景评价　　B. 输入评价　　C. 过程评价　　D. 成果评价

47. 教育培训培养人才具有（　　）的特点，要求课程开发具有超前性。

A. 前瞻性　　B. 多元性　　C. 实践性　　D. 周期性

48. 现代企业的人力资源开发重点是（　　）。

A. 开发员工的专业知识技能　　B. 开发员工的职业品质

C. 开发员工的发展潜能　　D. 开发员工的价值观念

49. 企业的发展过程是一个动态的、不断变化的过程，因而培训需求预测应具有（　　）。

A. 时效性　　B. 前瞻性　　C. 有效性　　D. 能动性

50. 培训项目和课程开发是（　　）。

A. 全局和局部的关系　　B. 出口和入口的关系

C. 问题和结果的关系　　D. 内容与形式的关系

51. 下列哪项是组织实施培训计划的基本原则？（　　）

A. 严肃性与灵活性相结合原则　　B. 以管理者意图为核心

C. 教师主体性原则　　D. 学以致用原则

52.（　　）是按特定工作的实际需要与任职者现有知识能力之间的差距。

A. 绩效差距　　B. 确认差距　　C. 培训需求　　D. 培训预测

53.（　　）要回答为什么培训、培训谁，以及培训什么的问题。

A. 培训需求预测　　B. 培训需求分析

C. 培训项目选定　　D. 培训项目策划

54.（　　）是培训活动的首要环节。

A. 培训需求预测　　B. 培训目标预测

C. 培训需求分析　　D. 培训目标分析

55. 绩效分析法是通过绩效考核，对照实际绩效与标准绩效的差距，重点分析（　　）。

A. 产生差距的原因　　B. 个人能力的差距

C. 组织绩效差距　　D. 行为动机模式

56. 在培训计划的实施过程中，难免会遇到来自各方面的干扰，为此，一定要遵循（　　）的原则。

A. 以学员为中心　　B. 调动多方面的积极性

C. 计划严肃性与灵活性相结合　　D. 学以致用

57. 培训需求预测的基本目标就是（　　）。

A. 收集需求方法　　B. 确认差距

C. 市场需求　　D. 决定培训价值

58. 要实现组织目标，应预测分析实现目标的（　　）。

A. 人力、物力　　B. 外部条件

C. 内部条件　　D. 资源条件和客观环境

59. 通常，计划内容包括（　　）四要素。

A. 组织、个体、目标、内容　　B. 目标、措施、步骤、约束条件
C. 目标、内容、手段、结果　　D. 目标、事实、反馈、信息

60. 下列哪项是培训总体计划应具备的内容？(　　)
A. 培训目的　　B. 培训与生产的关系
C. 培训需求　　D. 培训发展方向

61. 员工个体素质是指员工需具备的(　　)。
A. 团队精神及协作能力
B. 学历水平
C. 年龄与性别
D. 思想修养、道德品质、学习能力、知识能力、专业技能、身体状况

62. (　　)确定以后，由哪些机构和人员完成哪些分支目标是第二步工作要考虑的问题。
A. 总体目标　　B. 分支目标　　C. 措施步骤　　D. 约束条件

63. 预测分析组织实现目标的资源条件和客观环境，目的在于提高计划的(　　)。
A. 适应性　　B. 有效性　　C. 时序性　　D. 系统性

64. 科学的培训工作过程是(　　)。
A. 培训需求分析—制订培训计划—实施培训—考核评估—反馈和总结提高
B. 制订培训计划—培训需求分析—实施培训—考核评估—反馈和总结提高
C. 制订培训计划—实施培训—考核评估—反馈和总结提高
D. 实施培训—培训需求分析—考核评估—反馈和总结提高

65. 培训活动的本质属性可以表述为：培训即是一种教育活动，又是一种(　　)。
A. 劳动实践行为　　B. 领导行为　　C. 控制行为　　D. 评价行为

66. 一个高效的团队不仅讲求彼此合作默契，更讲求(　　)，这需要通过有目的的培养、训练。
A. 工作氛围　　B. 工作成绩　　C. 工作效率　　D. 工作成效

67. 备课的基本要领是领会大纲、(　　)了解学员和实习场地以及训练设备等。
A. 掌握最新教法　　B. 提高指导能力
C. 灵活运用教学方法　　D. 吃透教材

68. 培训课程开发要遵循一致性原则、系统性原则、(　　)原则、操作性原则和针对性原则。
A. 核心性　　B. 技能性　　C. 动态性　　D. 灵活性

69. 以下有关企业培训的观点中，不正确的是(　　)。
A. 培训是消费　　B. 需求调研是培训的前提
C. 创新能力是培训者必备的素质　　D. 课程设计是培训的重要环节

70. (　　)是指学员分成若干小组，参加各种户外的训练项目，然后在培训师的组织下进行分析总结，发现训练中的问题，并从中认识平时工作中的道理。
A. 参观访问　　B. 工作轮换　　C. 头脑风暴法　　D. 户外体验式培训

71. (　　)是培训质量管理控制运行程序的最后一个环节，它要求将整个培训过程的所有信息传给企业的有关部门，使其在此基础上提出指导和改进培训工作的意见。
A. 输入信息　　B. 信息反馈　　C. 输出信息　　D. 信息搜集

72. 通过分析(　　),体现培训师对培训对象是否定位准确、培训内容是否界定清楚。

A. 培训项目　　B. 培训需求文件　　C. 培训计划　　D. 培训课程体系

73. (　　)是对培训质量、培训工作要求的具体规定,是衡量整个培训工作的尺具。

A. 培训评估的计划　　B. 培训评估的标准

C. 培训评估的实施　　D. 培训评估的考核

74. 企业培训(　　)是指保证和满足企业培训教学实施需要的各类工具、材料和技术手段。

A. 软要素　　B. 教学经费　　C. 教学设备　　D. 教学预算

75. (　　)是将课程内容分为一次衔接的三段:知识传授—能力训练—考核。

A. 授课计划　　B. 小分段　　C. 备课计划　　D. 大分段

76. 开展课程体系设计前期工作有确定起草部门或具体负责人员、(　　)、时间安排、质量要求和工作流程等。

A. 设定课程体系目标　　B. 收集岗位规范

C. 时间安排　　D. 确定课程体系重点内容

77. 企业培训教学效果的检测和评价包括(　　)和业务评价。

A. 效果测定　　B. 过程评定　　C. 课程运营　　D. 意识改善

78. 企业培训教学目的是建立在对(　　)系统内外环境分析的基础之上。

A. 培训　　B. 模拟　　C. 教学　　D. 生产

79. 终身教育培训的基本理念认为(　　)。

A. 培训是培训部门的工作　　B. 培训是员工职业发展的要求

C. 培训是工作之前的事　　D. 培训是消费和成本

80. 拓展培训之所以受到追捧,是因为它可以协助企业为有效地达成重组核心资源的目标而设计训练课程,帮助企业部门之间(　　)。

A. 各负其责,职责明确　　B. 分清责任,加强协作

C. 取长补短,加强合作　　D. 责任到人,协同作战

2.2　五星技师理论考试测试题库参考答案

2.2.1　CAJS501 长安商用车星级维修技师礼仪培训参考答案

一、判断题

1—5　√√√√√　　6—10　√√√√√

11—15　×××√×　　16—20　×√√√√

二、单选题

1—5　ACCCB　　6—10　CBABB

11—15　DACAC　　16—20　CAADA

21—25　BBBAB　　26—30　BBBBA

31—35　DDBCB　　36—40　ABDCB

41—45　DAADD　　46—50　DDDCD

51—55 BDDDC
56—60 DBBBC
61—65 DACCA
66—70 DDDDD
71—75 BBCAC
76—80 BCDDC

2.2.2 CAJS502 客户关系管理培训参考答案

一、判断题

1—5 √×√×√
6—10 ××××√
11—15 √×√×√
16—20 ××√√×

二、单选题

1—5 ADAAB
6—10 CDDCA
11—15 CCDBB
16—20 BAABA
21—25 DDBCB
26—30 AABDB
31—35 DACBB
36—40 ABADB
41—45 ABCBA
46—50 DBBAB
51—55 ADABA
56—60 CCABD
61—65 BCBBC
66—70 DAACA
71—75 BBDCB
76—80 DAACA

2.2.3 CAJS503 汽车维修行业相关法律参考答案

一、判断题

1—5 ×√√√√
6—10 √××××
11—15 √×√√√
16—20 ×√×√×

二、单选题

1—5 DDDAB
6—10 BCCCD
11—15 ABADA
16—20 BCCDD
21—25 CBDAB
26—30 DBDBB
31—35 BCBBA
36—40 DABDC
41—45 AACDC
46—50 BBACC
51—55 DBDAB
56—60 BCBDD
61—65 AACDB
66—70 ABDBC
71—75 DBDDC
76—80 CBBAD

2.2.4 CAJS504 汽车保险与理赔参考答案

一、判断题

1—5 √√×√√
6—10 √√××√
11—15 √√×√×
16—20 √√√√√

二、单选题

1—5 ACADA
6—10 ABCBC
11—15 CBADA
16—20 CBCBD

21—25 BADDA
26—30 DBCDD
31—35 DDBDD
36—40 ABAAA
41—45 ACCAA
46—50 BDBBD
51—55 AABCC
56—60 DAACA
61—65 DDDDC
66—70 AABCA
71—75 BADDA
76—80 DADBD

2.2.5 CAJS505 长安商用新能源汽车技术培训参考答案

一、判断题

1—5 ××√√√
6—10 ×√×××
11—15 √×√×√
16—20 √×√×√
21—25 ×√√×√
26—30 √√√×√
31—35 ××√√×
36—40 √√××√

二、单选题

1—5 DCACC
6—10 AACAB
11—15 AABAC
16—20 CACAC
21—25 ACABC
26—30 CBBCA
31—35 CBAAA
36—40 CACBC
41—45 ABBAB
46—50 CAAAB
51—55 CCABB
56—60 AAACD

2.2.6 CAJS506 汽车新技术、新配置参考答案

一、判断题

1—5 √√×√×
6—10 √×√√×
11—15 √√××√
16—20 √√×√×

二、单选题

1—5 BAAAC
6—10 ADCCC
11—15 DACAC
16—20 DCBCD
21—25 BBADC
26—30 ADCBA
31—35 AADBB
36—40 CDACD
41—45 DACCD
46—50 CDDAD
51—55 ACCDB
56—60 ABACC
61—65 DCABB
66—70 CBBCC
71—75 BCABD
76—80 DBDCA

2.2.7 CAJS507 典型故障的分析及交流参考答案

一、判断题

1—5 ×√√√×
6—10 ×√××√
11—15 ×√√√√
16—20 √√×√×

二、单选题

1—5 BBAAC
6—10 BAACB
11—15 AABDA
16—20 AADCC
21—25 ACCBB
26—30 DADBB
31—35 DCDCC
36—40 DABBD
41—45 DCCDA
46—50 CAACA
51—55 CABCC
56—60 AACCC
61—65 BCDCD
66—70 DACCD
71—75 DADAA
76—80 CCCBB

2.2.8 CAJS508 如何做好培训师参考答案

一、判断题

1—5 √√√√√
6—10 √√√×√
11—15 √××√×
16—20 ×√××√

二、单选题

1—5 CACBB
6—10 AADDB
11—15 ABCCD
16—20 CBBAC
21—25 CBACB
26—30 DACCD
31—35 DBCBA
36—40 BACCB
41—45 ABCDD
46—50 DAABA
51—55 DCDAA
56—60 CBDBA
61—65 DBBAA
66—70 DDBAD
71—75 BBBCD
76—80 CAABC